贝宁土地制度研究

史永康　著

台海出版社

图书在版编目（CIP）数据

贝宁土地制度研究 / 史永康著 . -- 北京：台海出
版社 , 2024. 10. -- ISBN 978-7-5168-3941-6

Ⅰ . F344.311

中国国家版本馆 CIP 数据核字第 2024UK1019 号

贝宁土地制度研究

著　　者：史永康

责任编辑：王　萍　　　　　　　　　封面设计：王美元
策划编辑：王美元

出版发行：台海出版社
地　　址：北京市东城区景山东街 20 号　　邮政编码：100009
电　　话：010-64041652（发行、邮购）
传　　真：010-84045799（总编室）
网　　址：www.taimeng.org.cn/thcbs/default.htm
E‑mail：thcbs@126.com

经　　销：全国各地新华书店
印　　刷：三河市兴国印务有限公司
本书如有破损、缺页、装订错误，请与本社联系调换

开　　本：880 毫米×1230 毫米　　　1/32
字　　数：186 千字　　　　　　　　　印　　张：7.25
版　　次：2024 年 10 月第 1 版　　　印　　次：2024 年 10 月第 1 次印刷
书　　号：ISBN 978-7-5168-3941-6

定　　价：79. 80 元

目 录
Contents

绪　论

贝宁土地制度不仅是非洲土地制度研究的组成部分，也是土地制度演变中的重要分析对象。但是，国内外的研究状况表明，尚缺乏一部较为全面且深入地研究贝宁土地制度变迁的专门性论著。

一、研究依据

土地是所有人类文明关注的核心。因为人类的发展与土地始终息息相关，土地为人类的生存与发展提供了必要的客观物质条件。正如辛普森（S. R. Simpson）所言："土地是一切物质财富的源泉。我们使用的一切物品，获取的一切有价值的东西都来自土地；我们生活在土地上，靠土地养家糊口；而当我们告别人世的时候，土地还是我们肉体的最终归所。能否有效地从土地上获得收益是人类生死存亡的关键所在，而土地的分配和使用状况则同样至关重要。"[①] 卡尔·马克思（Karl Marx）曾指出：土地即"一切生

[①]　Simpson S R, *Land Law and Registration*, Cambridge: Cambridge University Press, 1976.

产和一切存在的源泉",是人类"不能出让的生存条件和再生产条件"①。威廉・配第(William Petty)也曾说过:"劳动是财富之父,土地是财富之母。"② 因此,没有土地,人类便无法生存。

人类社会长期处于传统农耕社会,现代化意味着从传统农耕社会向现代工业社会的转变。土地始终位于人类生产关系中的核心。土地制度是一个国家基础性、根本性、全局性的制度,是构成生产关系和一切经济关系的重要基础。③ 现代国家的形成乃至现代世界的兴起都离不开土地问题。英国崛起于 17 世纪的"圈地运动"对工业化早期土地资源的重新配置,19 世纪美国崛起也离不开"西进运动"对其国内土地的分配。对于多数发展中国家而言,土地制度的变革同现代国家建设、经济发展和社会稳定紧密相连。在非洲历史上,土地一直是各种崇拜和敬仰的对象。正如非洲谚语所揭示的"在非洲,一切都可以很容易地买卖,除了土地"④。同时,任何研究非洲的人,提到非洲土地法之际总是会被其模糊性、复杂性所震撼。可以说,非洲土地制度是非洲法律中最复杂的领域。非洲土地制度体现了非洲人与土地之间错综复杂的关系,集中体现在"人属于土地,而不是土地属于人"。这种土地法构成了

---

① 《马克思恩格斯选集》,第 2 版,第 2 卷,北京:人民出版社,1995,第 24 页。

② 威廉・配第:《赋税论》,邱霞、原磊译,北京:华夏出版社,2013,第 57 页。

③ 刘伟、刘守英:《建党百年与土地制度变迁的理论和实践探索》,经济日报,2021-07-05,星期一,第 10 页。

④ J. Comby, l'appropriation des droits fonciers, des problématiques transversales, 2èm partie, grain de sel N° 57, Janvier- Mars 2012, p.22.

非洲文明的特殊性之一。

　　非洲文明是农业文明。当代非洲土地法既是非洲传统土地权利的核心，也是关乎非洲现代化发展的关键。土地一直是非洲国家最重要的资源。目前，大多数非洲国家仍然处于农业社会中，农业是大部分非洲国家一半乃至四分之三以上人口的依赖产业，出口型农作物是非洲国家重要的产业支柱。曾经非洲的土地供应充足，但随着经济发展、人口增长以及市场发展，土地资源变得越来越稀缺。非洲的贫困率为全世界最高，47.5% 的人口生活在每天 1.25 美元的贫困线下。世界银行主管非洲地区的副行长马克塔·迪奥普（Makhtar Diop）说："尽管拥有大量的土地和矿产财富，非洲仍很贫穷。改善土地治理，对于实现经济快速增长并将其转化为显著减少贫困和为非洲人包括妇女创造更多的机遇，具有十分重要的意义。"[1] 由于殖民统治等方面的历史原因，非洲国家土地与农业事务中长期存在若干二元性矛盾。20 世纪是人类历史上土地改革最为频繁的时期，其中非洲则是第二次世界大战后土改运动最多的地区。非洲 48 个国家从 1950 年至今共经历了 103 次土地改革。[2] 随着 20 世纪 90 年代以来内外形势的发展，一些土地问题又进一步凸显。

　　贝宁是世界上最不发达的国家之一。贝宁国土面积 112622 平方公里，南北纵深 700 公里、东西宽度在 125 公里到 325 公里之

---

[1]　Frank F. K. Byamugisha, *Securing Africa's Land for Shared Prosperity*, Africa Development Forum series. Washington, DC: World Bank, p.15.

[2]　黄振乾：《国家制度形态的发育程度与土地改革——对独立后非洲国家的实证分析》，《经济社会体制比较》2020 年第 3 期。

间，位于非洲西部赤道和北回归线之间的热带地区（北纬 6°30′到
12°30′之间，东经 1°到 30°40′之间），东邻尼日利亚，西北、东
北与布基纳法索、尼日尔交界，西与多哥接壤，南濒大西洋。土
地在贝宁的国家经济、社会、政治、文化等领域都有极为重要的
作用。从经济上而言，农业在贝宁国家经济中占有举足轻重的地
位，在社会和经济发展过程中扮演着重要角色。农业从业人口占
总就业人口的 70%。以种植业为主，约占农业的 80%。有可耕
地 7 万平方公里，实际耕种面积不足 17%。贝宁农业经营规模很
小，在 40 万户从事农业的家庭中，南方地区每个家庭平均经营
0.5 公顷土地，北方地区则为 2 公顷。农业、畜牧业和渔业产值分
别占第一产业的 71.6%、16.4% 和 12%。主要粮食作物有木薯、山
药、玉米、小米等。大米年产量约 40 万吨。经济作物有棉花、腰
果、乳木果、大豆、棕榈等。棉花业一直是贝宁农村以及国家经
济增长的主要发动机，棉花创汇收入达 40%，占国内生产总值的
12%—13%，占百姓收入的三分之一。近年来，贝宁棉花产量大幅
增长，自 2018 年以来一直是非洲最大产棉国。2020—2021 年棉花
产量为 72.8 万吨。① 但是，贝宁面临着日益严峻的土地问题。这
是由于贝宁土地资源日益稀缺化，不同行业的竞争日趋激烈，土
地投机行为以及土地冲突日益增多。同时，由于人口爆炸性增长
以及经济危机的影响，在贝宁土地已经变成一种经济资产，成为
囤积居奇和觊觎的对象。这就造成了一种土地的日益资本化。土

① 以上数据均来自商务部国际贸易经济合作研究院、中国驻贝宁大使馆经
济商务处、商务部对外投资和经济合作司《对外投资合作国别（地区）指南·
贝宁》，第 14 页。http://www.mofcom.gov.cn/dl/gbdqzn/upload/beining.pdf。

地是贝宁人必然追求之物，贝宁有句谚语称："贝宁人天生腹中有砖。"这意味着在贝宁每个人都渴望拥有自己的房子与家，无论房子的质量与环境如何。列宁曾说："土地有限是一种普遍的现象。"①随着人口的爆炸性增长以及土地商品化的到来，土地所有权的争夺十分激烈。贝宁土地领域面临着类似的令人担忧的情况，其争夺的激烈程度已经造成社会冲突，并阻碍了国家的经济发展。造成这种冲突局面的重要原因在于贝宁有关土地制度并不完善。目前运行的土地制度仍是源自殖民时期的法国殖民者所建立的制度，已经不能满足当代贝宁的社会经济发展。

研究贝宁的土地冲突以及社会经济发展，离不开对土地制度的研究。当代贝宁土地制度是历史演变的产物，因此有必要了解贝宁的土地制度的起源，任何对土地制度的研究在某种程度都是历史研究。当我们探讨当代贝宁土地制度的改革实质及其趋势，就离不开对其历史形成过程的考察。因此，研究贝宁的土地制度有以下几个方面的重要意义：

第一，任何国家都是历史的产物，贝宁土地制度自不例外。开展贝宁土地制度的研究有助于了解贝宁不同历史时期的土地制度的演变进程与动力，为了解当代贝宁土地制度的改革提供了基础性的背景知识。

第二，贝宁土地制度越切合本国国情，越能促进本国的发展与稳定。首先，开展贝宁土地制度的研究，有助于了解为贝宁农业发展及其现代化举措提供一定的制度性基础，增进贝宁保障自

---

① 《列宁全集》第 5 卷，北京：人民出版社，1986，第 101 页。

身粮食安全的可靠性，为推动贝宁现代化发展提供助力。其次，开展贝宁土地制度的研究有助于了解当代不断增多的土地冲突的历史背景以及原因，为解决贝宁土地冲突带来一定的启示。再次，鉴于贝宁土地及其相关的经济对贝宁整个国家的重要性，开展贝宁土地制度的研究有助于了解贝宁国家形态的发展及其现代化进程与方向。

第三，鉴于很多改革举措都是在非洲法语国家同时进行，贝宁案例可以作为参考对象，开展贝宁土地制度的研究有助于推进对其他法语非洲国家土地制度改革的进程、方向与不足的研究，进而为撒哈拉以南非洲的土地制度改革比较提供一定的参考。

二、基本概念

本书所涉及的基本概念，比如非洲、贝宁、土地、土地制度、所有权等，阐述清楚主要概念是必要的，避免产生混乱。因此，有必要做统一的澄清。

首先，地理概念。非洲在本书中特指撒哈拉以南的非洲地区，并不包括北非地区。现代贝宁共和国，在历史上曾被称为达荷美王国（Dahomey）。但是，达荷美王国也不能完全覆盖整个当代贝宁领土。因此，为了保持客观与中立，本书统一使用贝宁指代不同历史时期的该国。比如，使用贝宁一词可以将前殖民时期的贝宁北部、中部与南部完全涵盖进去，而达荷美更多指中南部的王国。在独立之后，除了贝宁共和国之外，贝宁也能指代曾经出现的贝宁人民共和国（République Populairedu Bénin）。

其次，土地概念。《可持续发展公约》（*Convention on Sustainable*

Development）将土地定义为"具有陆地生物生产力的系统，由土壤、植被、其他生物区系和在该系统中发挥作用的生态及水文过程组成"[①]。或者，土地被定义为"地球陆地表面可以划定的地区，具有紧靠地球陆地表面上下的生物圈的一切属性，包括近地表气候、土壤和地形、地表水文（包括浅层湖泊、河流、沼泽和湿地）、近地表沉积层和相关的地下水储备，植物和动物种群（生物多样性），人类住区模式以及过去和现在人类活动的物理结果（梯田、储水或排水构筑物、道路、建筑物等）"[②]。土地原属自然的产物，后成为人类社会不可或缺的元素之一。作为生产力的要素之一，土地与劳动力、设备、管理、科技等并列。自然土地是指处于地球表面人类日常生产、生活活动所及的三维空间之内的，由土壤、沙砾、岩石、矿物、水、空气、生物等七种物质构成的，处于不同地貌、地势、地物、地质、水文及相关的气候状态的综合体。[③]但是，现实中的绝大部分土地都已然经过人类长期开发、改造和利用，故其中凝聚了大量的人类劳动，所以土地不再是简单的自然综合体，而是自然土地"综合了人类正反面活动结果的自然—经济综合体"[④]。

最后，土地制度一般是国家根据一定时期内的政治和经济任

———————

① *Article 1 of the Text of the Convention* http://www2.unccd.int/sites/default/files/relevant-links/2017-01/UNCCD_Convention_ENG_0.pdf.

② *Convention on Sustainable Development (CSD)*, Progress Report on Chapter 10 of Agenda 21. United Nations, New York, NY, USA, 1996.

③ 周诚：《土地经济学原理》，北京：商务印书馆，2003，第5页。

④ 毕宝德：《土地经济学（第七版）》，北京：中国人民大学出版社，2016，第3页。

务，在土地资源开发、利用、治理、保护和管理等方面的行动准则。^①土地制度一般包括土地产权制度、土地规制、土地市场制度和土地税赋制度。土地财产制度是指土地财产的权属制度，具体包括土地所有制、土地使用制度以及土地国家管理体系的建立、演变及实施等方面的问题，归根结底就是研究土地利用中形成的人与人之间的经济关系。《土地大辞典》将土地制度定义为："人们在一定的社会条件下，因利用土地而产生的对土地的所有、占有、使用、处分等诸方面的关系的总称。"^②《房地产大辞典》将土地制度定义为："土地关系的总称。土地制度包括土地的所有制度和使用制度，两者是不可分割的，其中所有制度占主导地位。"^③论述到非洲，土地制度一般指非洲的土地法。关于非洲土地法，或者一般意义上的非洲法律，存在三种说法，即地方法（Droit local）、传统法（Droit traditionnal）或习惯法（Droit coutumes）来指代源于非洲的法律。^④所谓的非洲法律是指从遥远时期一直传承下来且对非洲社会起规范作用的规则的整体，也就是由祖先传下来的法律

---

① 谭荣：《中国土地制度导论》，北京：科学出版社，2021，第 5 页。

② 马克伟：《土地大辞典》，长春：长春出版社，1991，第 890 页。

③ 宋春华等：《房地产大辞典》，北京：红旗出版社，1993，第 68 页。

④ « Il est tantôt droit traditionnel, tantôt coutumes, tantôt droit local ». Cf. S. Traore, Droit coutumier et coutume, Réflexion sur le langage du juriste des institutions traditionnelles africaines (quelques exemples de concepts tirés du droit soninke du Gajaaag-Sénégal), in *Annales Africaines*, Revue de droit, d'économie et de Gestion de la Facultés des Sciences juridiques et économiques de l'Université Cheikh Anta Diop de Dakar, 1989, 1990, 1991, p.47. 夏新华：《论非洲习惯法的概念与概念》，《西亚非洲》1999 年第 3 期。

遗产。也就是说，传统法律是殖民化之前非洲社会所有法律规则的构成物。这是没有因外部干预而发生变异或转变的法律。而习惯法源自传统法，只是随着殖民化的进行才出现的，经由传统权利转化为习惯法的结果。因此，习惯法是受殖民主义影响的传统法。但是，也有学者认为两者是同一种法律。两者是同一种法律。本书采纳第二种观点。

三、研究内容与计划

（一）研究内容

本书的研究对象是自前殖民时期以来贝宁土地制度的历史演变，其目的在于详细了解贝宁土地制度的演变阶段、不同阶段的土地制度内容、立法以及改革，并对冷战结束以来的土地制度做了重点的分析。

本书具体由绪论、正文和结论三部分组成。绪论部分主要阐述选择贝宁土地制度进行研究的背景及其研究意义。正文部分由五个章节的内容构成，可以分为四大部分：第一章前殖民时期的贝宁土地制度；第二章殖民统治时期贝宁土地制度的变革；第三章则是冷战时期贝宁土地制度的变革；第四章与第五章则是冷战结束以来贝宁土地制度的改革情况。各章节具体内容安排如下：

第一章主要研究前殖民时期贝宁土地制度形成的社会历史背景，包括多元族群、多元政治组织形态；其次从贝宁传统土地制度的起源、鲜明特征以及日常运行三个方面进行论述，其中日常运行机制则涉及土地类型、土地权利类型、土地冲突以及土地冲突的解决方式。

第二章则考察了殖民统治时期的贝宁土地制度演变。首先，简要概述法国在贝宁的殖民扩张的政治经济与观念背景。其次，对法国在非洲殖民统治期间的一系列殖民立法进行专门的论述。再次，在殖民立法的基础上，论述法国在非洲构建的四种存续至今的土地制度。最后，则分析法国对贝宁土地制度的殖民化对贝宁社会经济产生了哪些影响。

第三章首先分析独立初期的贝宁土地制度安排，主要是介绍1960年《居住许可证法》以及1965年的《土地所有权制度重组法》，这是独立初期的关键性土地法。其原因则在于独立初期特殊的政治经济情况。其次，论述1972年至20世纪90年代的克雷库政权下的土地制度变迁，受到马克思列宁主义的影响，克雷库希望能够建立崭新的不同于殖民与封建的土地制度。前者的趋势是走向私有化，而后者则主张走向国有化。

第四章首先介绍贝宁在城市地区开展土地改革，包括居住许可证转地契行动以及城市土地登记系统的实施。其次，将分析焦点转入农村地区的土地改革计划，贝宁在20世纪末和21世纪初经历了两种不同范式指导下的农村土地改革，各有其成果。最后，则从内容以及评价来分析贝宁历史上第一部真正意义上的农村土地法——2007年的《农村土地制度法》。

第五章主要研究2013年贝宁土地法出台的社会政治经济背景，包括土地冲突增多、社会政治困境以及促进农业与经济发展三个方面；其次，重点分析2013年新土地法的主要内容及其创新点；再次，分析2017年对2013年土地法修订的内容与创新点；最后，分析当代贝宁土地法所面临的问题与不足。

结论部分根据上述各章节结论归纳出贝宁土地制度演变的历史性特征、趋势以及困境，指出唯有制定适合本国国情的法律才能真正促进问题的解决，避免盲目照抄照搬他国的模式。

（二）研究方法

黑格尔认为"只有与内容相一致的方法才是唯一的和真正的方法"，脱离研究主题谈论方法是无益的。

第一，文献分析法。文献分析是不可或缺的基本方法。本书通过对收集到的法语、英语以及中文的文献资料去伪存真、去粗取精，系统性地分析贝宁土地制度变革的相关问题。本书在考察贝宁土地制度的历史演变时，主要利用法国殖民时期的法律文献、贝宁独立以来的一系列立法文本、会议报告、领导人讲话等文献；在考察贝宁土地制度之际，主要利用来自法语世界、英语世界以及中文世界的著作、论文以及智库报告。

第二，历史分析法。按照历史发展顺序就贝宁的土地制度变迁进行系统性的梳理与研究，并在此基础上充分探讨当代贝宁土地制度现状。本书通过追溯贝宁土地制度形成的基础，来解释其形成的独特性。基于历史性考察，就贝宁土地制度的未来演变做出一定的科学预判。

第三，比较分析法。比较分析法是进行研究常用的方法。本书的比较分析主要体现在寻求贝宁土地制度的特殊性、不同历史阶段的差异、不同法律之间的差异。

第四，案例分析法。由于贝宁土地制度历史悠久，当代土地法律分散且复杂，对重要的法律文本进行详细分析是不可避免，也是必需的。因此，本书根据贝宁的土地法的重要性，重点分析包括冷战以后的三大法律以及各时期的主要法律文本。通过对个案的考察，再从整体上考察贝宁土地制度的特征、内涵与趋势。

第一章　前殖民时期的贝宁土地制度

在贝宁传统社会，贝宁土地制度的基本特征与内容同其人口、社会与文化的历史有着密切联系。贝宁传统社会是以农耕与狩猎为主的文明，农牧业、渔业、狩猎采集等是贝宁人民的主要经济活动。与此同时，贝宁是一个多元多族群的社会，整个社会建立在特定的家庭模式之上，依据各自族群所处的自然与社会环境，形成了不同的政治与社会组织结构。其中，土地成了贝宁传统社会再生产的基础，也是分析贝宁前殖民时期社会经济、宗教、政治等的基础所在。所以，土地制度被视为一种"总体社会事实"，包括土地和与之直接相关的自然资源，以及个人与团体之间占有这些资源的所有关系。[①] 这些便构成了贝宁土地制度的主要内容。不过，需要指出的是，这些同土地有关的规则并非贝宁社会所独有，而是被非洲人民所普遍共享的。本章将首先介绍前殖民时期

---

① *Alice Harrison de l'ONG Global Witness*, https://www.agenceecofin.com/justice/.

贝宁的社会历史情况，主要包括多元族群、多种政治组织结构。其次，将重点分析包括贝宁在内的非洲土地制度的起源、特征以及日常运行三个方面。

第一节　前殖民时期贝宁的社会历史情况

非洲各族群的社会组织往往因地而异。贝宁的各族群，在历史上，由于其不同的背景而有着不同的历史，或因为战乱，或因为寻求良田牧场，不断迁徙，不断交融，最终形成了贝宁的诸多族群。"由于贝宁的历史与社会文化现实，土地问题有着某种程度的特殊性。"[①] 在贝宁，传统的社会组织和土地观念与在当地定居的族群的起源与习俗有关。这意味着，贝宁多元化的社会组织形式导致了前殖民时期贝宁法律的多样化特征。这些族群在历史演变中，既形成了各具特色的社会习俗，也共享了很多一般性的规则。同土地有关的规则便是如此。

一、前殖民时期的贝宁族群

当代贝宁是一个多族群国家，是贝宁前殖民时期以及后来殖民统治期间族群之间长期相互交流、冲突、征服、迁徙的结果。

---

① Lazare Comlanvi Crinot, *Maitrise et appropriation du sol en République Populaire du Bénin: Contribution à l'étude du droit de la propriété foncière dans un pays en voie de développement*, Thèse de doctorat, Université, d'Orléans, 1986, p.19.

贝宁的古代历史可以追溯至旧石器时代。从那时起，贝宁的先民就开始生息、劳作、繁衍在这片土地上。[1] 根据新时代遗址的考古，学者们推测石器时代贝宁先民主要靠狩猎和捕鱼来维持生计。尽管贝宁留有早期人类活动的遗迹，但构成今天贝宁的族群的主体则是在12—18世纪由邻近的东部、西部和北部"移民"的迁徙聚合而成。[2] 因此，这些族群既存在相互联系，也存在着很多差别。特别是后来衍生出的族群并不必然同原来的族群习俗相抵触。这是非洲族群共同之处的来源。

从贝宁的历史来看，贝宁北部的主要民族是巴里巴人（Bariba）。自16世纪起，巴里巴人逐步从尼日利亚的布萨迁徙至贝宁北部。到18世纪，巴里巴人因此占据了贝宁北部地区，并建立起长期的有效统治。巴里巴人通过一系列长期的战争，征服了很多城镇。这些不同的族群在长期的冲突与交融中，相互融合最终形成了如今北部的主要民族。一般而言，北部王国分为两类人：巴里巴人，他们是最先到达的土著；瓦桑加里人（Wassangari），他们通过战争与征服定居下来。除此之外，还有定居在北方的登迪族（Dendi），他们来自尼日尔，目前主要生活在博尔古省（Le Borgou）北部。甘多（Gando）族，原本属于巴里巴人，但是由于所谓的不正常出生的婴孩论说，即先出来的部位是脚、肩膀或出生便有上牙的婴儿，会给家庭带来不幸，因此被寄养给颇尔人（Peuhl）。中部地区

---

① 罗贝尔·科纳万:《达荷美史（上册）》，上海:上海人民出版社，1976，第10页。

② Abdoulaye Harissou, *La terre un droit humain: Micropropriété, paix sociale et développement*, Paris, Dunod, *op.cit.*, p.100.

的历史同南部地区的历史有着密不可分的联系。中部各族主要以约鲁巴人（Yorùbá）和马伊人（Mahi）为主。这些族群在17世纪中叶后先后形成了近10个王国，主要是约鲁巴人和马伊人所建立。在贝宁南部，则主要存在一个以芳族（Fon）为主体的民族，其他族群主要是由该民族衍生出来的。芳族的历史可以追溯至约13世纪的塔多（Tado）地区，彼时称之为阿加苏维人（Agassouvi）。据说，塔多王国是由两个不同的民族汇聚而成：一个是约鲁巴战士，从阿约或古奥约经凯图（Kétou）而来，由多哥比·昂尼（Togbe Anyi）领导；另一个是当地的阿鲁铁匠，据说他们的祖先手持铁锤和铁砧从天而降。后来由于卷入塔多王国的王位纷争，他们被迫离开而迁徙至阿拉达（Allada）地区，逐步形成了初具规模的酋长国。在16世纪与17世纪之交，建立阿拉达王国。但是后来由于继承权的争夺而导致分裂，出现阿拉达王国、阿波美（Abomey）王国和波多诺伊王国（Porto-Novo）三国鼎立的局面。其中，阿波美王国是后来达荷美称谓的来源。

二、前殖民时期的组织结构

贝宁的土地观念与其社会组织结构有着密切联系。非洲社会的"社会结构与一般思想的基础是三个关键性观念：存在一种世世代代将贝宁人团结在一起的神圣力量、家庭内部分等级以及社会高于个人"[1]。这三个关键性观念支配着传统社会中贝宁个体之间、

---

[1] Charles Ntampaka, *Introduction aux systèmes juridiques africains*, Namur, Presses universitaires de Namur, 2004, p.3.

个人与社会群体以及社会群体彼此之间的关系。因此，在贝宁，孤立的个人是不存在的。个人始终通过不同层次的群体形成对自身的身份认同，即家庭、氏族、族群以及王国。这种特殊的社会结构建立了集体生活，也构建了不同的权利观念。这意味着传统社会本质上是一种集体主义的社会。

（一）家庭

非洲的传统家庭并非西方近代以来的核心家庭模式。在前殖民时期的非洲，甚至是当代缺乏同外部紧密联系的地区，传统家庭仍是所在地区社会的基础。盖伊·阿德杰特·库瓦西甘（Guy Adjeté Kouassigan）认为非洲传统家庭是"由这样的一群人构成，他们彼此有亲缘关系，不管是真实还是虚构的，始终同共同的祖先保持紧密联系，共同生活在同一个屋檐之下，受到家庭首领或家主的管辖。家庭首领或家主是家庭群体创始人在世的合法代表。无论其形成方式如何，家庭是所有非洲社会的共同特征"[①]。因此，传统家庭超越了简单的血缘关系，是一种大规模、存续时间久远且范围广泛的大家庭模式。从构成来看，传统大家庭不仅包括父亲、母亲以及所生的子女，还包括近亲与远亲，甚至完全没有家庭关系的人，或者是采用其社会生活模式的陌生人。这种家庭模式构成了前殖民时期的贝宁社会的基础。因此，家庭是非洲社会

[①] Guy Adjeté Kouassigan, *L'homme et la terre: Droits fonciers coutumiers et droits de propriété en Afrique Occidentale*, Paris, Editions Berger-Levrault, 1966, p.72.

的组织基础和主要单位。"父亲作为家庭的传统代表，将家族传递给儿子，特别是传递给将承担一家之主职责的儿子"①，而后者则成为未来的家庭之主。

贝宁人的传统家庭生活模式一直延续至今。这种共同生活的方式产生了几种权利，包括获得土地的权利。家庭财产是不可分割的，由户主管理，户主必须将其用于满足社区的需要，包括埋葬死者、不可转让的家宅、种植园、遗物和家庭纪念品。一个家族的成员拥有共同的土地遗产、共同的图腾和共同的祖先。因此，这就意味着，个人不能在家庭共同法则之外主张任何权利。个人权利既不适用，也不被承认。在家庭范围内，个人在尊重和社区土地相关规则和标准的同时，也要为耕种土地做贡献。

（二）氏族

氏族（Clan）跟家庭相似，但是结构层次不同，是由一群拥有共同祖先并声称自己是其后裔的人组成。非洲社会遍布诸多氏族，例如马赛氏族、布须曼人、颇尔人等游牧民族。在查尔斯·恩塔姆卡（Charles Ntampaka）看来，在这种群体中，人们只根据他们在群体中的地位或责任享有权利。在本体论上，他们没有自主存在性，他们继续依赖于其创造者的生命力，并通过依赖祖先的生命力，成为氏族的创始人。②

---

① Charles Ntampaka, *Introduction aux systèmes juridiques africains*, Namur, Presses universitaires de Namur, 2004, p.23.

② Charles Ntampaka, *Introduction aux systèmes juridiques africains*, Namur, Presses universitaires de Namur, 2004, p.23.

由于贝宁社会普遍存在祖先崇拜这一现象，氏族便是常见情况。比如，在贝宁南部的米甘族等，他们曾是位居国王代理人的顶端氏族。因此，米甘族在王国政策的制定和实施方面发挥着重要作用。他们统领所有非王室成员，即统领整个达荷美人口。时至今日，这个氏族中许多贝宁人仍以这个名字为荣。贝汉津（Béhanzin）部族的情况也是如此，他们尊称伟大的国王为"Gbê hin azin"。再比如，贝宁北部的巴通布部族，族群内部有等级之分，瓦桑加里人位居顶端，他们以自己的地位为荣，仍然使用氏族名称作为自己的姓氏。这些都表明了氏族的重要性。

（三）部落与族群

部落是一种社会组织制度，包含若干地域群体，如村庄、地区或世系群之类，通常具有一块共同的领土、一种共同的语言以及共同的文化。[①] 部落仍是一种非集权组织，各成员间较为平等，主要由村庄头人等来管理。贝宁是一个有着多元文化的社会。讲不同语言的各种人到贝宁地区定居，形成村落，彼此之间产生联系从而形成部落。在贝宁，松巴部落的文化最为吸引人。该部落位于贝宁北部，每年都会迎来许多游客。同处贝宁北部的巴里巴人也拥有非常丰富的文化。此外，族群是一个制度外壳，包含着各种形式的社会组织。它是一个动态的概念，不断更新其内涵，因为它是根据其周围的其他群体来界定自身的，而这些差异是随

---

① 《人类学概论》编写组：《人类学概论》，北京：高等教育出版社，2019，第217页。

19

着时间和历史的变化而变化的。比如布须曼人、巴里巴人都可以算作一个族群。每个族群都有自己特定的族称,有同样的继嗣、团结感和特定的地域联系。

(四)酋邦与王国

王国是一种集权政治体系。集权意味着权力或权威相对集中在某个个人或群体上的政治现象。王国是在一定的领土范围内建立的等级化组织,由国王领导。根据贝宁的历史可知,贝宁曾经存在多个王国。贝宁的前身达荷美,即由原阿波美王国演变而来。贝宁历史上的王国,南部地区主要是阿波美王国、阿拉达王国、阿加切王国和波多诺夫王国,中部地区主要是萨瓦卢王国、达萨王国、克图王国、萨维王国,北部地区主要是尼基王国、坎迪王国、宽德王国、朱古王国、帕拉库王国等。

在形成王国之前,王国的所有成员均来自一个家庭。尽管由于历史、自然环境和价值体系的不同而存在差异,但是仍存在许多共同之处。比如,以共同体法律秩序为基础,并将家庭和村庄置于个人之上。在土地方面的规则几乎是普遍的,是被非洲社会所共有的。今天,尽管非洲传统社会遭受各种内外冲击而发生变化,但是仍然保留着旺盛的生命力。在贝宁,王国依然存在,并在贝宁的社会政治经济中发挥着重要的作用。

第二节　贝宁前殖民时期的土地制度

欧洲殖民者到来之前的传统时期，非洲土地并没有处于无政府状态之中。"撒哈拉以南非洲甚至一些北非国家的人民拥有多种传统权利。每个民族，有时是每个部落，都有自己的传统权利。"[1]尽管法律多元化是其特征，但是非洲人民还是在非洲长期历史社会实践基础上形成了一整套的习惯法原则。这种习惯法本质上仍是一种法律，虽然不同于现代法律的形式，比如其口头性、与宗教神明联系紧密等特征。正如沃尔克·斯塔姆（Volker Stamm）所言，土地"是生产的支撑和资本，带有宗教、文化和情感色彩"[2]。作为非洲一部分的贝宁也遵守同样的逻辑。贝宁人和一般非洲人特别重视土地，因为他们与土地的关系不仅建立在与土地的创造有关的众多神话和传说的精神纽带上，而且还因为土地是他们祖先的埋骨之地。在贝宁传统社会中，土地是生命和文化繁衍不断的根源，也是社会控制的一种手段。

---

[1]　Charles Ntampaka, *Introduction aux systèmes juridiques africains*, Namur, Presses universitaires de Namur, 2004, p.4.

[2]　Volker Stamm, *Structures et politiques foncières en Afrique de l'Ouest*, Paris, L'Harmattan, 1998, p.9.

一、贝宁传统土地制度的起源

根据学者对贝宁土地制度形成的考察，我们可以认为贝宁习惯法下的土地制度形成主要存在四种来源，即神圣起源论、第一占有者论、剥夺占有论和继承获取论。

（一）神圣起源论

非洲习惯法下土地制度是随着时间的推移逐步由非洲人民发展起来的。这种习惯法是以非洲传统宗教习俗为基础，其中神灵崇拜与祖先崇拜尤为重要。[①] 在前殖民时期，非洲土地普遍被视为具备神圣来源。非洲人传统信仰普遍认为存在一个至高无上的创造了大地的神，人类世界的规则源自这一至高神及其派生的诸神诸灵。这种传统宗教信仰赋予了非洲大地神圣的意义。因此，大地被视为神赐之物，应该受到凡人的尊重，确保人类社会的规范同至高神的意愿或理想相一致。因此，非洲的土地普遍具备神圣的终极来源。

贝宁作为西非国家之一，境内不同族群均有供奉至高神的庙宇。根据不同的族群，至高神的名字也不同。比如，芳族人将其至高神称为玛乌 - 里萨（Mawu-Lisa）。它是由月亮与太阳共同组成的，两者的二元性决定了宇宙的平衡。其中，玛乌代表阴性，

---

① 参见周海金《关于非洲传统宗教的若干问题研究》，《世界宗教文化》2017 年第 3 期，第 43—50 页。

与寒冷、黑夜与生育有关，而里萨则代表着力量的阳性。两者共同创造了大地，并孕育了十四位神灵。约鲁巴人崇拜天空之神奥洛伦（Olorun），大地由奥洛伦创造。奥洛伦则统治着四百位派生神明奥力沙（Orisha）和众多的自然精灵。奥洛伦的意志由其子奥杜杜亚（Odudua）来执行，即奥杜杜亚通过种植不同种类的植物创造了大地上的生命。就这样，其他神灵也随即降临人间。尽管各族群在起源神话与习俗方面存在差异，但是这些说法都一致认为大地是由神灵创造的。

　　非洲的祖先崇拜对非洲法律有着重大影响，包括习惯法下的土地制度。在贝宁人看来，"人类对大地的占有并不完全基于环境的地理条件。首先，它涉及同自然界'无形力量'的谈判。这催生了一系列契约，包括农民、猎人、渔民与所在地区的神灵缔结契约，使得他们与自然界的事物达成一致，从而使他们能够占有土地"[1]。其次，祖先崇拜同非洲传统宗教密不可分。在所有有关土地的行为中，对祖先的崇拜都是必需和必要的。贝宁人相信，万物源于大地，也归于大地，人类自然也不例外。人们通常认为，逝去祖先的尸体已经融入大地，同大地融为一体。祖先先前签订契约的土地以及祖先的墓地一直都是其后裔的专有财产。而且，祖先的土地被视为祖先本身，甚至已经成为神灵。比如，贝宁南部的芳族人源自塔多，该族群的第一任统治者被大地吞没，被称

---

[1]　Selom Klaassou, *Croyances coutumières, pratiques foncières et développement rural au Togo*. Cas des préfectures de Haho et du Moyen-Mono, Belgeo, *Revue belge de géographie*, National Committee of Geography of Belgium, Société Royale Belge de Géographie, mars 2002, p.3.

为"Togbui Agni",意为"大地的祖先"。因此,传统非洲社会中土地是祖先遗留的财产。没有祖先的同意,任何后裔都不能在土地上做任何事情,而获取祖先同意一般是通过献祭供品来实现的。"这些仪式是由祖先举行的,他们是最早开垦土地和最早占有土地的人,因此成为土地的唯一所有者。他们的灵魂同土地紧密相连。对于阿贾人和艾维人来说,土地就是祖先。"[①]

(二)第一占有者论

在非洲前殖民时期,非洲人在长期的社会历史实践过程中产生了一整套明确的规则与规范,以确保非洲人对非洲土地的一系列权利。在非洲人看来,"土地本不属于任何人,只属于土地本身,土地由首先占有土地的人控制。但是,所谓的首先占有并不意味着立即拥有土地。因此,所有权是通过斧头或火的第一击确定的,但是只有当定居下来并通过(斧头或火的痕迹)确定其存在的人实际占有土地至少三代,所有社区才会默认其所有权"[②]。具体而言,我们可以从土地占有方式、土地占有仪式以及土地占有时效三个方面来理解前殖民时期贝宁土地制度形成的第一占有方式的

---

① Selom Klaassou, *Croyances coutumières, pratiques foncières et développement rural au Togo*. Cas des préfectures de Haho et du Moyen-Mono, National Committee of Geography of Belgium, Société Royale Belge de Géographie, mars 2002, p.3.

② Paul Dabone, *Quelle législation foncière comme outil de cohésion sociale et de développement économique, adaptée aux réalités socio-culturelles du Burkina ?* Mémoire de master de l'Ecole Nationale des Régies financières, 2008, p.11.

内涵。

第一，从土地占有方式来看，包括刀耕、火种两种。非洲人通过对这些工具的使用，从而确立了对土地的权利。首先，通过斧头占有土地。这种占有方式是指使用斧头占领或定居某块土地的手段，过程通常是和平与自然的。也就是说，率先使用斧头开发土地从而占有土地是一个族群的祖先被承认的权利。非洲人经常迁徙寻找更为肥沃多产的土地。在新土地上，他们为了开垦土地要用斧头砍伐草木之类。而且，被砍伐的草木可被用于照明、烹饪以及建造各种建筑物。因此，使用斧头被视为人类在一块土地上存在的具体化的表现。其次，通过火划定或标记土地来占用空间。在非洲前殖民时期，非洲人使用火来清理划定好的空间，作为自己的定居地。通常，为寻找新的肥沃土地，在部落酋长的带领下，部落整体根据占卜所获得的祖先指示或建议，来到祖先指明的土地。然后，通过在该地方放火烧荒，来清除杂草并在那里定居。这被视为非洲社会的传统习俗。比如，来自布基纳法索的古尔芒切人在谈到某个地区第一占有者提出："划定的领地，每个社区都在上面生活并开展生计活动，这些领土成为集体财产，尤其是从占有这些领土的第二代开始。"[①]

第二，从占有程序来看，除了必要的"刀耕火种"之外，还必须进行特定的宗教仪式。源于神话和传统宗教的仪式已成为非洲当地人社会习惯的重要组成部分。这些仪式的目的在于同神灵

----

① Bernard Crousse, Émile Le Bris et Etienne Le Roy, *Espaces disputés en Afrique noire. Pratiques foncières locales*, Paris, Éditions karthala, 1986, p.43.

以及同一切与自然有关的精灵进行沟通，即贝宁人通过"某些仪式及其禁令，可以同神灵、自然精灵和人类先祖进行沟通"[1]。因为，土地具有神圣性，与土地有关的一切活动都必须得到主宰自然的神明的同意。因此，在贝宁，第一代家长，即该族群的祖先，通过祭祀将自己与土地联系在一起。这意味着，人类必须通过占卜或法术来征服土地。[2] 以伏都教为例，萨克帕塔（Sakpata）是大地之神，掌管世间土地。贝宁当地人在初次定居之前都要举行仪式，通过祈祷、念咒和喝某种特殊饮品来祈求伏都神保护他们的居住地，以确保所居住的地方繁荣昌盛。再比如，根据巴里巴人的说法，这片土地的第一任首领是巴里巴人，他的头衔是萨蒂亚凯村的创始人桑加·卡比耶（Sanga Kabyè）授予的。他通过一种"桑巴尼"仪式确立了同土地神明"布恩"（Boun）的共生关系，并将野兽赶走，从而成为此地的土地酋长。

第三，从占有时效来看，所有土地均建立在有效占有的基础之上。"在传统土地制度中，如果没有对土地的有效占有，所有权和使用权都是不可想象的。"[3] 也就是说，当一个家庭在某一块土地

---

① Guy Adjété Kouassigan, *L'homme et la terre: Droits fonciers coutumiers et droits de propriété en Afrique Occidentale*, Paris, Editions Berger-Levrault, 1966, *op.cit.*, p.72.

② Georges Barnabé Gbago, Joël Aivo, [et ali], *Enjeux économiques et environnementaux des maîtrises foncières en Afrique*, Anthemis, 2019, *op.cit.*, p.92.

③ Paul Dabone, *Quelle législation foncière comme outil de cohésion sociale et de développement économique, adaptée aux réalités socio - culturelles du Burkina?* Mémoire de master de l'Ecole Nationale des Régies financières, 2008, *op.cit*, p.17.

上定居之际，它并不会自动获得土地的相关权利，尽管进行了刀耕火种。习惯法要求这些占有者必须对其所占土地进行长期占用和开发。在以农业为主的贝宁社会中，有效开发意味着农民要进行农业耕种、放牧等活动。被占有的土地必须显示出被开发的迹象，比如犁沟、庄稼、种植园、圈养牲畜和狩猎区，这样既是占有者长期居住在此处的证明，也能降低潜在的冲突和发挥必要的威慑作用。"因此，我们必须认为，赋予所有权的斧头的第一击只是一种象征。通过这种象征行为，一个社区在所占领土地上开展所有形式的活动都得到了体现，并以此提供了生存手段。"[1] 比如对于布基纳法索的古尔芒切人而言，真正的占用始于占用这些领土的第二代。"有效占有空间作为拥有任何土地权的强制性条件，似乎是习惯法框架下土地制度的真正优势。"[2]

（三）剥夺占有论

剥夺占有是非洲人占有土地的重要方式。一般而言，剥夺包括两种形式，即暴力对抗取得和非暴力取得。前者通常指族群之间的战争。战争，即征服、扩张和更大范围内行使权力的欲望，是人类的特征之一。非洲社会亦是如此。在贝宁前殖民时期，许多王国经常通过各种手段扩大领土，包括部分兼并和完全兼并两种。一方面，领土扩张导致土地的最先占有与分配；另一方面，领土扩张也面临同其他王国冲突的风险与压力。当两者目标难以兼

---

[1]　Ibid.

[2]　Ibid.

容之际，领土争夺战便会出现。作为战胜一方，可采取部分兼并和完全兼并两种方式来取得战果。首先，部分兼并。在贝宁，不同的王国为扩大领土而战。在这一过程中，王国的扩张遭到了当地人的激烈抵抗。因此，被兼并的领土部分由其他征服者控制，部分兼并在贝宁传统时期并不常见。其次，完全兼并。完全兼并是常见现象，通常指战败者的领土由战胜者完全占有。

在贝宁的阿波美王国，每当有新国王登基，阿波美王国便会进行扩张。阿贾贾国王统治时期，相继征服了阿拉达和萨维王国，进而将领土扩张至沿海地区。军事征服不仅彰显国王的权力，也扩大王国的版图。因此，阿波美王国的领土在历代君主的励精图治下不断扩大。[①] 土地是通过武力强制占有的，是战胜者应得的战利品。而且，在征服过程中，王国在阿波美高原建造了地下房屋，既是作为藏身之所和避难所，也是作为有效占有的证据。

另一种是非暴力剥夺。这种被剥夺通常是第一定居者接纳外来的迁徙族群并赋予这个族群在这片土地的定居权所导致的。外来人一般指来自其他地方的人。非洲人对外来人的赠与源自其特定的传统习俗的要求，通常是热情好客的原则。前来定居的外来人通常可以获准占用部分集体土地，条件通常是承认所在村落首领的权威并服从酋长的管理。但是，通常这种对外来人的定居权赠与是不稳定和不完全的，即外来人享有某些原住民对土地的权利，而且这种赠与是可以被撤回的，因为原住民是这片土地永久

---

① 张宏明:《列国志·贝宁》，北京:社会科学文献出版社，2004，第33—37页。

的主人。但是,大多数情况下,只要迁徙族群没有严重违反当地习俗的行为,与原住民能够和谐共处,最初授权所享有的土地可以作为遗产代代相传。因此,"一般来说,只要受赠者及其后代与赠与者的关系良好,他们就可以保留土地。因此,由于新来者在力量、数量和经济上的重要性,他们甚至有可能逐渐获得与本地人相同的政治权利,然后是土地权"[①]。例如,芳族人便以这种方式在贝宁中部定居,同时达荷美北部和北部的瓦桑加里人在巴里巴人的土地上和平定居,没有受到巴里巴人的任何抵抗。现在贝宁的松巴人也欢迎科托科利人、乔科西人和卡布雷人。此外,也存在没有明确获得捐赠土地,但由于第一个占有者家族未曾阻止新来的群体占有土地,这种情况可能持续几十年,甚至成为两个族群之间友谊的基础。[②]

另外一种赠与则源自外来人完全融入所在的村落,即遵守当地习俗规范、服从当地酋长的管辖,并接受所在村落的价值观,进而成为正式成员。这种情况通常是与婚姻联盟相联系的。当外来人同本村的年轻女孩结婚后,而非带着自己原来的妻子的情况下,女孩所在家庭有义务给予这对年轻夫妇一块耕地以维持生计。[③]通过这种方式,外来人享有同当地人相同的土地权利和义务。作

----

① Ahonagnon Noël Gabaguidi, *Pluralisme juridique et conflits internes de Lois en Afrique noire, op.cit*, p 40.

② Ahonagnon Noël Gabaguidi, *Pluralisme juridique et conflits internes de Lois en Afrique noire, op.cit.*, p.42.

③ John Hazard, *Le droit de la terre en Afrique au Sud du Sahara*, Paris, Maisonneuve et Larose, 1971, p.133.

为一家之主，他有责任管理好所占有的土地，并且必须将土地用于满足家庭的需要。因此，通常婚姻关系是无偿获取土地的重要方式。

（四）继承获取论

继承是土地权利传递的方式之一。不过，考虑到族群的多样性，继承是复杂多样的。继承通常指将死者的财产传递给在世者，一般是死者的男性后裔才能继承，而女性只能继承饰品、家庭用具等。土地是不同世系之间代代相传的资产。土地属于祖先，祖先死后将其遗赠给在世的后人，而在世的人又必须将其遗赠给未来出生的社区成员。在贝宁的土地继承，需要考虑非洲家庭模式的特殊性。继承是土地传承的次要方式。一般而言，继承包括自动继承和指定继承两种方式。

自动继承通常指由家庭中长子继承并管理家族财产。比如在颇尔人中，当家主去世后，家庭财产的管理和个人财产将交由长子，后者成为家庭内未婚和已婚无子财产的拥有者和管理者。[1] 在贝宁南部，当死者的儿子尚未成年或只有女孩之际，遗产将交由死者的弟弟继承，例如南部的米纳人（Mina）。[2] 在贝宁北部的巴里巴人，叔伯被视为孩子的父亲，由其来做决定。

指定继承则指在有生之年让人知道由谁继承哪些财产。这是

---

[1] Firmin Medenouvo, *Le Coutumier du Dahomey*, Abomey, Présence béninoise, 2004, p.79.

[2] Firmin Medenouvo, *Le Coutumier du Dahomey*, Abomey, Présence béninoise, 2004, p.80.

贝宁不少族群所采取的方式。在颇尔人中，土地是立遗嘱人在世时分配的，第一个男孩出生后，父亲给予他全部的财产，除去自己拿一份；第二个孩子出生后，父亲从第一个孩子的份额中拿出一半给第二个孩子；以此类推下去。他死后，所有财产应分配掉，而自己那份则分给长子。[①] 在芳族的指定继承方式中，继承人和遗产继承顺序是高度制度化的。继承顺序如下：同父母的兄弟继承；如不满足上述情况，则由同父异母的兄弟继承；如不满足上述情况，则由家族内同母的兄弟继承；如不满足上述情况，则由家族继承。但是在米纳人中，只有弟弟才可以继承，而兄长则无法继承。在贝宁北部的巴里巴人和颇尔人中，如果死者无兄弟也无子嗣，则遗产交由其姐妹。在松巴人中，家主是家庭成员财产的继承人，他的继承人是其弟弟，其次则是表弟。不过松巴人的家庭一般较少，且每个家庭都高度独立于其他家庭。[②]

二、贝宁传统土地制度的特征

撒哈拉以南非洲在土地制度方面存在诸多共同原则，它们被视为确保非洲社会凝聚力和宇宙秩序的观念基础。当这些原则遭到破坏，破坏者将会受到所在家庭、氏族、族群以及王国的制裁。据此，土地法起源于习惯法。土地是集体的、神圣的、不可分割的。

---

① Firmin Medenouvo, *Le Coutumier du Dahomey*, Abomey, Présence béninoise, 2004, p.82.

② Firmin Medenouvo, *Le Coutumier du Dahomey*, Abomey, Présence béninoise, 2004, pp.79-80.

（一）土地的神圣属性

在前殖民时期，非洲人普遍信仰传统宗教，即为泛神论者，即使是后来的殖民化也未能终结此种情况。只不过在不同的族群，呈现出不同的形式。在非洲，土地的神圣性既源自大地是由神明所创造的，也源自大地与其祖先的神圣联系。

在非洲人的世界观中，大地是至高神的创造物，是至高神赋予大地万物生命的存在。"包括空气、海洋和大地都被视为神圣的共同财产，是至高神创造的，让其提供给人类食物来维持其生存。"[①] 正如凯巴·姆巴耶（Kéba M'Baye）所言："非洲宇宙论的法则不承认对用于创造和维持现世界的任何元素（天空、空气和海洋）的占有。由于大地属于上帝、众神或祖先，任何人都不能占有它，因为占有是只属于神明的行为。"[②] 比如，在贝宁人对土地进行任何行动之前，都会举行神圣的仪式以确保获得神明的允许，这包括进行粮食种植或者开垦新的土地供所在群体使用之际。在贝宁存在很多供奉神明的庙宇，以确保同神明的意志或理想保持一致。比如，在阿贾—芳族人的神话中，玛乌 - 里萨作为月亮与太阳代表的双生神来确保宇宙内的平衡，被视为至高神。其中，玛

[①] Abdoulaye Harissou, *La terre un droit humain: Micropropriété, paix sociale et développement*, Paris, Editions Dunod, 2011, p.83.

[②] Kéba M'Baye, "Le régime des terres au Sénégal", in *Le droit de la terre en Afrique (au Sud du Sahara)*, Paris, Editions G.-P. Maisonneuve et Larose, 1971, p.137.

乌代表阴性，预示着寒冷、黑夜与肥沃；里萨代表阳性，是力量的象征。他们在蛇神（Dan）的帮助下创造了大地和十四名神明。在至高神创造世界后，作为玛乌-里萨的仆人的蛇神携带众神在世界遨游，这种遨游形成了大地上的丘陵、山谷等，而在他们休息的地方，蛇神的排泄物就形成了山脉。同时，蛇神的震动被视为地震的来源。在贝宁的中部，约鲁巴人则信奉天空之神奥洛伦（Olorun），其治下有四百位名为奥力沙（Orisha）的次级神明以及众多自然精灵。对于约鲁巴人而言，世界是由奥洛伦所创造的，包括大地在内。奥洛伦在其长子奥力沙拉（Orishala）失败后，将大地赋予其子奥杜杜亚（Odudua）按其意愿塑造大地。奥杜杜亚通过种植植物在大地上创造了生命。而后，诸神决定降临大地。

其次，在非洲的思想中，大地被视为人类的起源与终点。非洲人相信，大地是所有生命的依托，也是死后肉体的依托。生命，无论是起源或隶属关系，都与大地息息相关。具体而言，一方面，非洲习俗要求埋葬新生儿的胎盘。因为包裹新生儿的胎盘被视为生命的延续。需要通过某种特殊仪式，来祈祷这一圣物的埋葬，也为了祝愿家庭乃至族群的幸福。另一方面，非洲习俗并不包括其他民族常见的火葬形式。在前殖民时期，死者通常被土葬，而且生者须为死者进行祭祀活动，目的在于使得当时死去家人的灵魂可以同其先祖的灵魂同在。有时，人们会在墓地所在的土地上为祖先举行祭祀活动。因为，非洲的土地并不只属于生者，也属于死者。因为死去的先人即使不在人世，也可以通过此种方式作为正式成员继续享有对土地的权利。

（二）土地的集体所有属性

在包括贝宁在内的整个非洲，土地是属于整个家庭、家族和族群的集体资产。私人独自享有土地在非洲是不被允许的。土地集体所有的含义，是指土地是过去、现在和未来成员的共同所有物，其时间维度是永恒的。也就是说，土地既属于活人，也属于死者，还属于未来的后人。"我们不仅是从祖先那里继承土地，也是从我们的后代那里借用土地。"其中，死者是活人世界同神灵世界的纽带，某些情况下需要先人亡灵的干预与调解。因此，在非洲，与土地的联系是通过社区的成员资格取得的，而该社区对部分土地拥有使用权。[①] 不过每个社区成员均有使用土地的权利，并且是在公平的基础上获得和拥有土地权。土地酋长只是所在群体的土地管理者，而不是所有者。土地酋长是由族群的祖先或祖先后裔所组成的会议专门指定的。在土地酋长去世后，他们的头衔可能会落到其兄弟身上，或者在缺乏兄弟姐妹的情况下，则落到其后代身上，或根据以下规定落到他们兄弟或姐妹的后代身上，比如与生俱来的权利原则和血统类型，包括母系和父系。此外，酋长或国王对所有土地拥有优先权，并将土地使用权授予村庄。在一些习俗中，这种征用权是被减弱的，而在另一些习俗中，这

---

① Etienne Le Roy, Emile Le Bris et Paul Mathieu, *L'appropriation de la terre en Afrique noire: Manuel d'analyse, de décision et de gestion foncière*, Paris, Éditions Karthala, 1991, p.61.

种征用权是不受限制的。

土地属集体所有是多种因素所造成的，包括历史因素、安全与团结因素、信念因素。首先，这是由于土地原本是无主之物，或神之所有物。从历史来看，非洲土地不可能由个人直接获得。事实上，在人类早期社会中，人们主要以氏族、部落、族群等形式生活在一个共同体中。个人的生存取决于其所在的社群。没有社区的劳动分工，个人难以生存。"在非洲，土地所有权基本上属于集体所有的观念仍很先进，是由较小的单位、世系或村落所有。"[1] 因此，非洲社区中，家庭或家族是大树，祖先是树根，树干包括家庭中的所有长辈，而个人则是树枝。因此，在非洲孤立或单独存在的人是没有力量且没有法律效力的。其次，为了维护内部的团结与稳定。一方面是为了减少同一群体内与土地竞争相关的冲突与紧张局势，因此在任何情况下，都没有人可以独自享有一块土地。另一方面，则是当面临外部侵略将导致土地被剥夺之际，所在群体的成员将会团结一致共同抵抗，因为被剥夺的土地将关系到所有成员，而不仅仅是暂时开发该土地的成员。这种团结从根本上来自农业耕种这一生产方式。

（三）土地不可转让属性

土地不可转让性是非洲土地制度的共有原则。这与土地的神

---

[1]　Alain Testart, Propriété et non-propriété de la Terre : L'illusion de la propriété collective archaïque (1re partie), *Études rurales*, 2003, pp.165-166. URL: http://journals.openedition.org/ etudesrurales/8009 .

圣性密不可分，也离不开较为落后的农业发展水平，即相对恶劣的环境和较少的余粮。在贝宁，声称土地属于酋长或国王，这并不意味着酋长或国王有权转让土地，而是有权以所在家族、族群或王国的名义管理土地。土地酋长的职责是将土地分配给各个家族的族长，然后由族长代表家族成员采取同样的行动来进行土地开发。因此，个人不能为了他人或群体的利益而进行土地转让，也就是只能在不损害土地完整性的情况下使用土地。当个体放弃土地使用权利之际，土地将自动归还所在的群体。尽管经历了殖民化以及独立后的一系列土地改革，这一传统仍然在贝宁很多地区存在。

之所以会出现这种原则，是由于多种原因共同作用，包括宗教因素、社会因素、制度因素和经济因素。首先，非洲土地的神圣性是不可分割的终极源头。大地被视为神圣的，这对非洲法律产生了重大影响。因为正如莫里斯·德拉福斯（Maurice Delafosse）所阐述的："大地（在撒哈拉以南非洲）被认为是神圣的，她只属于她自己，因此不属于任何人。就其本质而言，它甚至不能赠送，也不能被占有，因为正如科特迪瓦的谚语所言：不是人拥有土地，而是土地拥有人。"[1]其次，与撒哈拉以南非洲的社会秩序概念有关。事实上，社会秩序不仅是由生者构建的，而且是由生者、死去的祖先和未出生的后代结合而成。在这种情况下，很难想象土地的转让，因为根据传统，现世的土地转让意味着死者和子孙后代的缺席，这导致他们无法参与决策，因此，他们将会被剥夺土地权

---

① Maurice Delafosse, *Civilisations négro-africaines*, Paris, Stock, 1925, p.142.

利。再次，土地的集体性质也要求不可转让，这意味着属于整个社区的土地不能明确地割让给另一个群体，无论是由社区中的个人还是由社区本身。最后，不可忽视的经济因素。事实上，在大多数农业社会中，土地代表着一种无价资产。保存和保护土地是当代非洲人及其子孙后代面临的重大挑战，特别是考虑到人口快速增长这一情况。

三、贝宁传统土地制度的日常运行

尽管贝宁土地制度具备上述的一般性原则，但是非洲土地制度并非完全是一成不变的。实际上，贝宁土地制度是灵活的、具有较强的实用性的。土地作为共同财产，除了已讨论过土地的多种转让方式之外，贝宁传统社会有着关于土地具体使用及解决土地冲突的管理办法。这些使用权和土地冲突的解决办法直到如今仍在很多贝宁农村地区流行，因此有必要做一定介绍。

（一）土地使用权类型

首先，所谓的初级使用权源自人类生存本能的权利。人类的两个基本诉求同土地有关，即食物权与住房权。第一，寻找食物以确保自己的生存的权利。这种自然需求产生了土地的使用权利，即耕种权及其衍生权利，即狩猎权与采集权。耕种在社区首领授予的个人土地上进行，狩猎与采集则是在集体土地上进行。第二，在土地上生活的权利可以定义为一个场所，建造栖息地，保护自己免受气候与野生动物的伤害。居住权是贝宁人主要的追求之一。居住用地由当地首领授予，其大小取决于每个家庭的成员人数。

国王的领地没有限制。归根结底，这是通过农业发展而产生的上述权利，长期不行使这一特权则会被视为自动放弃相关土地。初级使用权适用于所有人。其中，土地酋长是社区土地的监护人和主要管理者。但是，他没有绝对的所有权，即在没有他所代表社区的必要意见的情况下，他不能采取任何处置行为。因此，土地酋长对土地的权利并不比其社区成员多。

其次，派生性权利。第一，耕种衍生权利。除了耕种田地的权利之外，在休耕地或森林中放牧的权利以及开采木材等产品的权利都属于派生权利。放牧区在森林与休耕地是不同的。因为在休耕地上放牧是个人的、个别的，只有拥有土地所有权和收益权的家庭才可以行使。第二，个人拥有从土地上采伐木材的权利。这意味着在村社背景下，赋予社区居民从公共财产中砍伐某些木材的权利。此类情况在贝宁的"干热风"（Harmattan）时期非常常见，即上一个收获季与下一个耕种季之间的过渡时期。

（二）贝宁社会的土地的类型

随着非洲人特有的习惯法以及对土地的划界，社区土地的共有属性发生一定变化，这导致出现了个人与家庭所有土地以及公共土地两种情况。

1. 个人与家庭所有土地

第一，个人所有权。关于非洲人是否拥有个人所有土地存在争议，但是毫无争议的是个人可以拥有一定的土地权利。在贝宁，集体将某些地块授予个人，而且这些地块是可以被个人的后继者所继承。贝宁的个人土地权利特征在于个人拥有、个人享有和个人使用。但是，这一所有存在条件限制，即当土地的个体受益人将土地用于习俗规定之外的目的之际，土地就会被集体收回。这意味着个体不仅同土地签署了契约，也与其所属社区签署了契约。其次，根据《达荷美习惯法》，"原住民拥有自己的工具、武器、珠宝和金钱，如果他是一家之主，还拥有自己的居所和家畜"[1]。其中居所为不动产，确实属于个人所有。这意味着，即使他工作的土地或庄园不属于他，但是他在庄园内的房屋属于他个人所有。

第二，家庭所有权。家庭所有权赋予了个人所有权，两者之间关系密切。家庭所有权意味着一个家庭通过共同协议，在家庭成员平等的基础上，享有使用土地的权利。这在贝宁各族中普遍存在。家庭财产是不可分割的，由一家之主管理，他必须使其满足社区的需求。家庭财产通常是一个大家庭的财产，它相当于一个世系。[2]

2. 公共土地

土地的集体主义属性，非洲习惯法框架下存在两种所有权形式，一种是一般意义的集体所有权土地，另一种则是宗教公共土地。这两种土地所有权的目的与管理方法并不相同。

首先，一般意义的集体所有权土地。在非洲，村庄对土地拥有集体所有权。一般而言，村庄的集体财产包括未分割的土地，归国王所有，由村庄维护，每个人都有权在上面耕种、放牧、开

---

① Firmin Medenouvo, *Le Coutumier du Dahomey*, Abomey, Présence béninoise, 2004, p.72.

② Alain Testart « Propriété et non-propriété de la Terre », *Études rurales*, op.cit., p.17.

垦、狩猎或捕鱼，也可以取水或挖井。[①] 集体财产属于每个人，属于村社的每个成员，受国王或村长的管辖，但具体则由土地酋长管理。国王在土地角色中扮演政治角色，即负责确保集体财产的主权和领土完整。土地酋长则扮演行政角色，即负责保障并将土地分配给各个村社，确保其目的得到尊重。集体财产主要用于满足不同需求。需要指出的是，国王并不享有土地专有权，只是享有与土地登记和职能相关的某些特权。

其次，宗教用地。宗教用地经常是第一位占用者持有。第一个占用土地的人将土地细分为一块块土地，并为这些土地指定特定用途，包括崇拜。崇拜对象包括不同的神灵以及祖先，目的在于带来稳定与繁荣。巩固宗教用地可以分为两部分，一部分是为祭祀死者而保留的土地，另一部分则是为保障村庄和平、安全、繁荣而预留的举行各种仪式的土地。祭祀地是圣地，被视为禁区。通常包括森林、河流、立有神像的土地。这些土地是不可被剥夺的，被视为整个村庄或社区的共同财产。

（三）土地冲突管理

土地是非洲社会最重要的资源，土地的使用、占有或其他受益权都可能引发无数的争端。因此，"土地制度与任何其他社会制度一样，都有引发冲突的可能性，但这并不意味着该制度的功能失调，也不一定要修改其规则"[②]。随着人口增长、村庄彼此间不

---

① Firmin Medenouvo, *Le Coutumier du Dahomey*, Abomey, Présence béninoise, 2004, p.72.

② Volker Stamm, *Structures et politiques foncières en Afrique de l'Ouest*, Paris, L'Harmattan, 1998, p.75.

断靠近，未被占有的土地变得日益稀缺，各种土地冲突开始出现。"土地冲突源自个人或群体在土地方面的使用目标、行动或情感不一致。"① 为此，贝宁人发明了各种解决冲突的习俗，以确保社区的安宁与稳定。

1. 土地冲突类型

第一，同一家庭内的冲突。这主要包括土地继承不清、反对土地借贷或赠与，以及家庭内部成员间土地分配不公。首先，继承问题。某一户主去世后将土地传给继承人的方法包括自动继承和指定继承。自动继承一般没有问题，仅是根据所在村落的习俗来进行。指定继承则容易引发冲突，从而导致家庭的解体或分裂。尽管指定继承有人证的遗嘱存在，也可能由于继任为户主的成员认为这种指定破坏了自己土地管理中一家之主的权限。其次，反对土地借贷或赠与。作为管理土地的户主，有责任妥善管理家庭土地。如果单方面出借或捐赠部分家庭土地，可能招致家庭内其他成员的反对。这种要求被视为背叛家庭。最后，家庭成员对其家庭土地提出权利要求。大多数家庭之间的纠纷是突然对长期授予的使用权产生质疑。这源自复杂的社会情况。比如私生子的母亲不认识生父，私生子便生活在母亲的家庭圈子，因而出现这种情况。另一种情况则是家庭成员认为其他成员比自己获得了更多的土地权利，这种土地分配不公也会产生冲突。

第二，家庭之间的土地纠纷。由于缺乏可靠划分土地的技术

---

① Midjèou Béranger Avohoueme, *Religion et sécurisation foncière au sud-est du Bénin*, Paris, Editions universitaires europeennes, 2011, p.52.

与工具，当地人经常面临此类土地纠纷。拥有相邻地块的家庭便是如此。土地经酋长分配后归属于每个家庭，这意味着土地权利的排他性。如果某个家庭的成员超过了其分配的土地边界，将其扩展至另一个家庭的土地内，则会有两个家庭的纠纷。此外，畜牧业也容易引发纠纷。一般而言，村落内设有专门的公共放牧地。当专用于畜牧的资源不够之际，牲畜可能被转移到属于其他家庭的土地上，就会产生纠纷。而且不同的生产方式加剧了彼此的对立。随着公共土地越来越少，农民和牧民的冲突数量在增加，且越来越激烈。

第三，两个村庄之间的冲突。随着村庄为寻求更好的土地不断相互靠近，以及社区人口的壮大，两个村庄的冲突便随之产生。通常是由于两个问题，即划界问题和放牧问题。首先，划界既是由于被占领土地的地理原因，也可能是自愿或非自愿地侵占。"村与村之间的冲突往往是没有划分土地区域或划分不精确所致。在这种情况下，当其中一个村庄缺少生产用地时，它可能利用斧头权或火权发起清理土地行动，以维护对土地的占有。这一般涉及保留地，尤其是农民长期闲置的边缘地区，一般不分配给某个村庄。如果没有更好的土地，或由于采取新耕作法，需要对上述地区进行耕种，则会产生纠纷。"① 同时，游牧民族的迁徙很容易同农民产生土地冲突。畜牧业生产所需要的资源远远超过其边界，由于沙漠化，为了寻找更好的草料，北部的畜牧业经常将其活动迁

---

① Volker Stamm, *Structures et politiques foncières en Afrique de l'Ouest*, Paris, L'Harmattan, 1998, p.80.

至南方，侵犯了耕种者对其所开发土地的专有使用权，比如损坏农作物，进而引发两者之间的冲突。而且，这种冲突经常是暴力性的。

第四，外来人与原住民的冲突。这种冲突源自不断的迁徙。尽管原住民习俗允许将土地租给外来人，且这些外来人享有广泛的土地使用权，但是面对大规模移民潮，村落会越来越难以控制其土地。因此"如果移民是少量的，且不影响正常的习俗，当地人会选择容忍。但如果是采取征服的形式，就会被拒绝"[1]。前者，可以被视为村落社区的发展壮大。

第五，制度性冲突。贝宁传统社会组织形式包括国王或村长为首的政治机构，以及土地酋长为首的习俗机构之间可能会产生矛盾，亦可成为权威冲突。管理人民的政治权威与管理土地的酋长制度的并存可能引发村内冲突。通常，土地管理是土地酋长特权，不属于村长或国王的职权范围。但是，当国王出于某种原因干预土地管理时，且这种干预没有得到土地酋长的同意，就会引发制度性冲突。这涉及是否能够公正地分配土地的问题。公正地分配土地是土地酋长的职责，但可能面临来自国王或村长的倾向性干预。此外，在军事征服的情况下，征服者会夺取政治权力，但一般会继续让土地酋长管理土地。冲突的结果取决于村内的权力关系，政治首领过于贪婪就等于滥用权力。[2]

---

[1]　Volker Stamm, *Structures et politiques foncières en Afrique de l'Ouest*, Paris, L'Harmattan, 1998, p.81.

[2]　Volker Stamm, *Structures et politiques foncières en Afrique de l'Ouest*, Paris, L'Harmattan, 1998, p.79.

2. 土地冲突解决方式

事实上，公正是人类社会最古老的价值追求，也是社会制度的最高价值。罗尔斯曾言："公正是社会制度的首要价值，如同真理是思想的首要价值。"[1]"非洲传统法律文化在价值取向上追求的是和谐一致，纠纷发生时往往以调解方式解决。"[2]正如勒内·达维德（René David）所言，在非洲社会里，"公正"首先是要能保证集团的一致和恢复集团成员间的协调与谅解。[3]因此，为了解决社会生活中不可避免产生的各种冲突，贝宁人发明了闲谈（La Palabre）以及超自然介入的方法。

第一，闲谈是非洲人解决冲突的传统方法，被高度制度化，因此成为解决冲突的首要形式。因为"在非洲，民间社会的各个层面都有闲谈，都有通过语言创造意义的机会"[4]。闲谈是指"通过言语减少冲突，在讨论中富有人情地控制暴力"[5]，本质上是一种协商方式。闲谈既作为家庭内部和家庭之间的和解手段，也是王

---

[1] 约翰·罗尔斯：《正义论》，何怀宏、何包钢、廖申白译，北京：中国社会科学出版社，1988，第1页。

[2] 夏新华：《非洲的传统社会与法律文化》，《法律文化研究》2005年第1期，第363页。

[3] 勒内·达维德：《当代主要法律体系》，漆竹生译，上海：上海译文出版社，1984，第517页。

[4] Jean-Godefroy Bidima, *Law and the public sphere in africa: La palabre and other writings*, translated by Laura Hengehold, Bloomington, Indiana University Press, 2014, p.15.

[5] Jean-Godefroy Bidima, *Law and the public sphere in africa: La palabre and other writings*, translated by Laura Hengehold, Bloomington, Indiana University Press, 2014, p.16.

国政治中受重视的解决手段。一般而言，如果发生超出家庭范围、涉及整个社区的争端时，国王会诉诸闲谈。闲谈式协商既是一个机构，也是一个法庭，也就是既包括惯用的讨论、争论、讽刺或辩解，也包括争端解决场所本身。通常，选择在一个神圣的公共场所，将村内的智者以及政治首领等聚集在一起，同时冲突各方在此可以自由表达自己的观点，以解决彼此之间的冲突。其次，闲谈的制度化涉及一系列的规则，包括调停会的组成以及可能参加的其他参与者。这些成员往往是相对的，具体取决于相关的地区与族群。"不同社会的成员组成不同。在等级森严的国家社会中，理事会由王室成员、启蒙者和年长者组成。"[1] 而且，程序一般都是公开的、集体的。闲谈建立了一个公共讨论的空间，闲谈不是双方面对面的具体会晤，而是建立起更多参与者的象征性调解空间，类似于当代的协商。最终结果，"一般来说，长老们做出裁决时，都会通过使用习俗规则来寻求双方和解，而不是羞辱一方。法律必须服从于家庭或村落团结的要求"[2]，也就是从根本上在于恢复社会秩序。

第二，超自然手段是非洲传统社会的重要预防与解决土地纠纷的手段。"神灵无所不知，如果祈求的方式恰当，他们将对此案

---

[1]　Jean-Godefroy Bidima, *Law and the public sphere in africa: La palabre and other writings*, translated by Laura Hengehold, Bloomington, Indiana University Press, 2014, p.19.

[2]　Jean-Godefroy Bidima, *Law and the public sphere in africa: La palabre and other writings*, translated by Laura Hengehold, Bloomington, Indiana University Press, 2014, p.22.

做出裁断。"① 首先，使用魔法方法。"为了保护土地而使其财产安全成为可能，民众因其信仰而能够体面地享有他们任何合适的不动产。"② 由于担心土地纠纷的复杂性，当地人往往选择以下三种方法来保护土地，即召唤法（Fâ）和使用古根（Gougan）、诉诸赞贝托（Zangbéto）以及亚辛（Ya-sin）仪式。前两者都是贝宁南部伏都教的做法。法是一位神灵，无所不在，无所不知，因此备受推崇。古根则是咨询法之后所举行的宗教仪式。赞贝托是黑夜守护神，作为一种保护神，可以预防不幸，保护土地。不过后者更多是警告。亚辛仪式的目的在于威慑和防止土地纠纷，其方法则是诵读经典经文，然后做出相应的手势动作，也献祭动物以及祈祷。其次，用神谕法解决土地纠纷。根据习俗规定，占卜一般用于没有物证或无法提供物证的情况下，用于预防和解决冲突。例如，土地纠纷有时是晦涩难懂的伎俩所造成的，当地人求助于占卜来解决。占卜可以确定争吵的根源。最常见的土地冲突在于偷窃粮食。不过当占卜被拒绝之际，则会诉诸授命。

第三，对于那些被认定犯有危及或破坏社会秩序的罪行的人，他们必须服从裁决。根据行为造成的危害程度或范围，制裁的方式包括赔偿、罚款、体罚、放逐乃至死刑。一般而言，赔偿是最主要的方式，赔偿额度取决于伤害程度的轻重、被伤害的人数以

---

① E.亚当逊·霍贝尔：《初民的法律》，周勇译，北京：中国社会科学出版社，1993，第293页。

② Midjèou Béranger Avohoueme, *Religion et sécurisation foncière au sud-est du Bénin*, Editions universitaires europeennes，German, Riga, 2011, p.73.

及加害人的财产多少而进行。[1] 如果加害人没有赔偿能力，那么其家族中的近亲属须代为赔偿。因此，作为群体的一员，个体违法犯罪不仅伤害了受害者，也伤害了加害者所在的群体本身。为了确保集体凝聚力，避免危及集体生存，个人会受到来自家庭、家族或村落的压力。其次，除了死刑之外，放逐被视为最严厉的制裁以及最高级的惩罚。当加害者行为危害严重时，惩罚是不再允许其融入原生社会，而是将其从中驱逐出去。"被排斥者在群体中丧失一切权利，也不承担任何义务。这种情况实际上可以看作民事死亡，即家庭认为此人已经死亡。"[2] 在班图人的社会里，流放一般是将其流放至舅舅家。[3]

---

① 何勤华、洪永红:《非洲法律发达史》，北京：法律出版社，2006，第 128 页。

② Charles Ntampaka, *Introduction aux systèmes juridiques africains*, Namur, Presses universitaires de Namur, 2005, p.28.

③ Jean-Godefroy Bidima, *Law and the public sphere in africa: La palabre and other writings*, translated by Laura Hengehold, Bloomington, Indiana University Press, 2014, p.21.

第二章　殖民统治时期的贝宁土地制度

正如第一章所言，非洲拥有一个生机勃勃的法律体系，并得到一系列强有力制度的保障。而西方国家更多受到法国《民法典》的影响，包括对土地权利的安排。自西方探索非洲一开始，便有着占据土地进行殖民的愿望。正如法国殖民主义者儒勒·费里（Jules Ferry）所言，殖民政策与工业政策之间有着非常密切的联系。[①]法国殖民者借助"法律移植"[②]逐步对贝宁土地制度进行改造，伴随着自身资本主义的发展以及对非洲土地制度的认知。殖民化的影响遍及多个领域，包括文化、政治、法律和社会领域。殖民化既带给贝宁新的生活方式以及愿景，也带来诸多新的困难与问题。其中，土地管理一直都是一个敏感领域。法国的殖民统

[①]　黑格尔：《历史哲学》，王造时译，上海：上海书店出版社，2001，第151—166页。

[②]　法律移植是指特定国家或地区的某种法律规则或制度移植到其他国家或地区。参见沈宗灵《论法律移植和比较法学》，《外国法学译评》1995年第1期，第1页。

治对贝宁的土地制度构成重大冲击。本章首先简要概述法国在贝宁进行殖民扩张的政治经济与观念背景。其次，对法国在非洲殖民统治期间的一系列殖民立法进行专门的论述。再次，在殖民立法的基础上，法国在非洲形成了四种存续至今的土地制度，即空置和无主土地制度、法式托伦斯制度、国家所有权制度以及新习惯法土地制度。最后，则分析法国对贝宁土地制度的殖民化对贝宁社会经济产生的重要影响。

第一节　贝宁殖民化土地制度形成的背景

贝宁二元土地制度是法国殖民统治的结果。法国在贝宁的殖民统治是建立在军事征服、政治支配以及经济控制的基础上的。殖民地被法国视为其国家垄断的"母国经济和社会的延伸部分"[1]。法国自 19 世纪中叶到 19 世纪末的军事征服为其建立起殖民统治奠定了前提。法国在军事征服的基础上建立了参考法国政治法律模式的统治模式，即高度集权式的成文法制度。法国的殖民统治从根本上而言是法国资本主义发展内在需求的需要，即追求海外市场与原材料供应地。

---

[1]　巴兹尔·戴维逊：《现代非洲史》，舒展等译，北京：中国社会科学出版社，1989，第 148 页。

一、法国在贝宁的殖民统治的确立

具有现代意义的西方法律文明以血腥暴力的形式进入了非洲。[1]
法国对包括贝宁在内的非洲社会的军事征服是建立起法国殖民统
治的前提。因此，有必要对法国对贝宁的军事入侵与征服做一个
简要的概述。法国对贝宁的领土征服是在直接或间接暴力的威胁
下实现的，包括各种所谓的条约，比如《和平友好条约》《贸易友
好条约》《部分割让或完全割让领土条约》等。这种领土征服体现
了法国对贝宁土地的掠夺。

首先，梳理下法国对贝宁地区的殖民征服。法国对贝宁的殖
民扩张最早可追溯至 19 世纪 30 年代末。1843 年法国重新侵占维
达（Ouidah）的军事要塞。1851 年盖佐国王同法国签署所谓的友
好通商条约。1863 年德·索几同法国签订保护条约。1868 年，法
国诱骗阿波美王国格莱莱国王签订一项领土割让科托努（Cotonou）
市条约。但是，当时的达荷美人和达荷美国王却不承认这一有争
议的割让协议。1878 年，法国又迫使格莱莱国王签订割让科托努
条约。据此，法国通过一系列条约取得了贝宁部分地区的"保护
权"，但是由于军事力量集中在加蓬地区，并未实施有效的实际占
领。同时，法兰西第二帝国的内部动荡使其无暇他顾。1884 年专
门瓜分非洲的"柏林会议"确立了"有效占领"的原则后，法国

---

① 陈君：《从非洲法变迁看发展中国家法制现代化问题》，《法制与社会》
2008 年第 1 期，第 40 页。

加快了对贝宁的殖民扩张。这一时期，法国利用各个王国或酋邦之间的矛盾，通过贿赂、结盟或胁迫等方式，与当地君主或酋长签订"保护条约"，使这些地区接受法国的"保护"。1888年，法国借口阿波美王国进攻受法国保护的波多诺伏（Porto-Novo）王国为由以战争相威胁，企图迫使阿波美王国让步，但实际上则是谋求在科托努设立关税制度未成而发起的新的军事入侵。1889年8月，法国将贝宁沿海地区划为名为"法属贝宁地区殖民地"的自治区。1890年至1894年，法国耗时四年最终凭借武力优势击败贝汉聿国王的反法武装斗争。1894年6月将其改为"法属达荷美殖民地"。这主要源自两个原因：其一，避免地理上的错误，因为贝宁一词更适用于尼日尔河口以西的英属贝宁领地；其二，为了纪念对达荷美王国军事征服的胜利。[1] 1895年6月，法国成立法属西非总督府，达荷美隶属于法属西非殖民地，但在财政上保持自主性。1904年10月起，贝宁开始受法属西非总督管辖，成为法属西非联邦的一个机构，并持续到第二次世界大战结束。但是，法国在贝宁的殖民统治直到第一次世界大战结束后才较为稳固，其间贝宁北部各族民众不断武装起义反抗法国殖民侵略。

其次，分析下法国在贝宁地区的殖民统治形态。法国在非洲的政治统治模式同法国政治文化有着密切关系。法国具备强大的集权传统，因此对殖民地的统治也是建立在高度集权的"直接统治"上。统治金字塔结构为："最高层为法国总统和国民议会，下一层是殖民部、内政部和外交部的部长，再下一层则是联邦大总

---

[1] 张宏明：《列国志·贝宁》，北京：社会科学文献出版社，2004，第58页。

督，总督之下是各州、县的地方长官，最底层则是由非洲人担任的村社首领。"[①] 这种直接统治模式是以"同化"为中心的殖民理论指导的产物。[②]1896 年 6 月，法国将达荷美殖民地分为兼并地、保护地和直辖地。法国在贝宁的殖民统治方式兼具直接与间接两种：直接统治一般适用于法国武力征服的地区，即武力反抗法国入侵的地区。而通过缔结保护条约而建立殖民地则多实行间接统治。但是，这些只是程度与方法的差异，而不是性质与本质的差异。[③] 其中，政治酋长和宗教首领是殖民战略的一部分。他们充当了巩固殖民关系的"马前卒"。这些关系逐渐促进了殖民者在非洲人的土地上定居，后来又没收了这些土地。但是，这种关系的双方各自的特权得到了确认和维护。这些首领继续充当法国殖民统治的当地代理人。可以说，在某种程度上，他们成了法国殖民统治确立的加速者。然而，这些本土代理人的影响力始终是有限的："地方酋长并没有完全丧失其传统权力和责任。保护地条约明确规定，他们将继续在法国当局的控制和监督下统治自己的国家。"[④] 据统计，到 20 世纪 30 年代末，在整个法属西非，共有 118 名法国行政长官，他们通过 48049 个非洲人村长、32 名省长或大区区长，

---

① 张宏明:《列国志·贝宁》,北京：社会科学文献出版社,2004,第 58 页。

② 夏新华:《非洲法律文化史论》,北京：中国政法大学出版社,2013,第 75 页。

③ 联合国教科文组织编写,J. 基 - 泽博主编:《非洲通史》(第 1 卷),中国对外翻译出版公司，1991,第 1 页。

④ Charles Becker [et ali] , *AOF : réalités et héritages Sociétés ouest-africaines et ordre colonial, 1895–1960*, Dakar: Direction des Archives du Sénégal, 1997, p.154.

以及 2206 个区长或部落首领组成的庞然大物，治理这片面积 9 倍于法国本土的地区。[①]

二、法国对贝宁的经济诉求

城市被视为经济发展的必要条件。法国殖民政府为了进行城市规划，迫切需要对贝宁土地进行整治。关键则是将西方空间划分理论应用到非洲。比如使用现代标准来识别、划定和确定土地所有权，实际操作包括规划、测量、竖立边界等。这种西方的空间组织与控制技术使得西方国家逐步建立基于土地登记的土地制度。[②]而且在 1884 年柏林会议后，为了证明西方空间组织模式的合理性以及传统本土模式的不合理性，西方国家对前殖民社会的非洲空间表征做了扭曲。

19 世纪的工业革命对西方国家的对外殖民战略产生重要的影响，包括寻求海外市场以及原材料供应地。与此同时，1870 年至1871 年，法国在普法战争中战败，需要恢复自身实力，其中工业革命对于增强法国的商业、工业以及军事力量十分重要。因此，儒勒·费里提出："殖民政策是工业政策的延续。"[③]一方面，法国迫

---

① 巴兹尔·戴维逊：《现代非洲史》，舒展等译，北京：中国社会科学出版社，1989，第 109 页。

② Lazare Comlanvi Crinot, *Maitrise et appropriation du sol en République Populaire du Bénin: Contribution à l'étude du droit de la propriété foncière dans un pays en voie de développement*, Thèse de doctorat, Université d'Orléans, 1986, p. 84.

③ Charles-Robert Ageron, *France colonial ou parti colonial ?*, Paris, Presses Universitaires de France, 1978, p.81.

切需要为其工业产品寻求新的市场。"我们的大工业所缺的就是市场。"由于当时西方资本主义国家普遍陷入经济衰退期，内部市场普遍饱和，工业产能普遍过剩，同时各国为了争夺市场，纷纷祭出贸易保护主义的举措。面对如此严峻的形势，法国认为要在未来争夺中占据先机，必须开拓殖民地来扩大市场。另一方面，在工业革命的压力下，法国迫切需要寻找可提供廉价原材料的地方，来维持工业的运转。据此，非洲被视为一块非常肥沃的土地，拥有大量的原材料，特别是非洲大量尚未开发的土地被视为未来的商机。法国在非洲的殖民者的唯一选择就是彻底控制这里的土地，对其进行适应资本主义运行的改造，使其具有强大的生产力。因此，法国殖民者将非洲大批良田视为空置和无主土地，从而将其占为己有。他们将这些土地纳入殖民地国家合法类别，然后通过各种收购手段将其出售给农业、工业及其附属企业。[①] 鉴于法国人口的低增长以及向非洲移民的有限性，法国殖民地的法国移民相对有限，因为需要大量的廉价劳动力来开发这片大自然所馈赠的土地。这些因素要求殖民者必须重新考虑非洲社会的土地使用权。在贝宁，与大多数殖民地一样，土地所有制的转变既是规范性的，也是物理性的。

在非市场社会中，尤其是被迫向西方开放的殖民化社会中，关于人与财产之间的关系理论始终在两种立场之间摇摆不定：一是财产概念的简单移植，一直到 1939 年，这都是法国殖民地土地立

---

① Abdoulaye Harissou, *La terre un droit humain*, Paris, Editions Dunod, 2011, p.93.

法的常见做法；二是否认非洲存在土地所有权制度。习惯法土地制度不鼓励私人拥有土地，土地管理由地方一级的酋长负责。因此，法国殖民者认为有必要建立起个人私有财产，鼓励土地的占有者向土地的所有者转变，最终实现土地商业化。因为在资本主义经济中，产权被视为基石，至少是基本要素之一。[1] 为了合法地控制殖民地的财富，第一步是剥夺原住民对其自然资源的所有权，特别是矿产资源，包括占用、控制、使用等。殖民地的水、土地、农业与地质资源成为殖民立法的主题。这种做法目的在于使土地成为纯粹的商业资产。农业、食品业和采矿业需要原材料才能维持运转。第二步是物理性变化。随着商业种植农作物引入包括贝宁在内的殖民地，土地被征用来满足种植与工业生产相关的作物，如可可、咖啡、花生、棉花等。支持将土地作为经济资产的欧洲殖民者的主要目标是确保可耕土地，以保证其农产品和工业的生产活动。如此一来，以法兰西帝国"普遍利益"的名义，在损害殖民地粮食安全的情况下，贝宁农民被迫为世界市场生产外国植物（大米、棉花），与传统粮食作物竞争。[2] 非洲农民不仅失去了对土地的控制，也失去了对农作物成果的控制。"从那以后，农民不再有时间种粮食作物，但是粮食作物的产量不足以建立粮食储

[1] Lazare Comlanvi Crinot, *Maitrise et appropriation du sol en République Populaire du Bénin: Contribution à l'étude du droit de la propriété foncière dans un pays en voie de développement*, Thése de doctorat, Université d'Orléans, 1986, p. 84.

[2] Jean-Pierre Magnant, « Le droit et la coutume dans l'Afrique contemporaine », *Droit & Cultures*, vol.24, No.2, 2004, p.16.

备，而经济作物允许农民在降水量暂时不足的情况下也能保证正常消费。"[1] 殖民者剥夺非洲人土地的另一个最重要的变化是地租。这一欧洲特有的特征被移植到非洲大陆，从而也被移植到贝宁，并发生了无数变化。农民变成了他们耕种的土地的陌生人。因此，殖民者"从此可以将'空置'土地划分为国有公共土地和国家私有土地"[2]。

三、法国对贝宁法律的错误认知

法国殖民者到达非洲之际持有一种黑格尔式的非洲观，即认为非洲没有历史，或者说非洲大陆"从其自身历史的角度来看并不有趣，而是看到了人类处于野蛮状态之中，这种状态仍然阻碍非洲人成为文明的一个组成部分"[3]。法国在非洲的土地制度变革受到 19 世纪西方流行的所谓"文明使命"话语（La Mission Civilisatrice）的影响，本质上基于社会达尔文主义和种族主义的文明优越论和文明等级观念，是欧洲中心主义的体现。正如弗吉尼亚·汤普逊和理查德·安德罗夫所指出的："文明使命是用来掩饰法国人的物质利益和人文目标不移植的委婉术语，也用来掩饰法

---

① Jean-Pierre Magnant, « Le droit et la coutume dans l'Afrique contemporaine », *Droit & Cultures*, vol.24, No.2, 2004, p.16.

② Abdoulaye Harissou, *La terre un droit humain*, Paris, Editions Dunod, 2011, p.91.

③ François Xavier Fauvelle, *L'Afrique de Cheikh Anta Diop, histoire et idéologie*, Paris, Edition Khartala, 1996, p.88.

国自己内在的极权主义和自由主义遗产之间的矛盾。"[1]19世纪初拿破仑的对外扩张战争首次将"传播文明"作为侵略口号。19世纪中叶，法国持所谓的"文明使命"来到非洲大陆，直接将民族和种族等级制度套用在当地原住民身上。19世纪90年代，法国殖民者基于"文明"话语建立起一套对非洲历史与文化的话语认知体系以及统治非洲人民的殖民政策。法国传播文明使命、教化未开化民族的热情超过了任何一个殖民帝国。[2]正如第一章所言，非洲拥有一个生机勃勃的法律体系，并得到一系列强有力制度的保障。但是，从入侵贝宁的初期开始，法国殖民者便难以真正理解非洲传统法与习俗。因为殖民者始终基于欧洲历史来理解非洲传统。在法国殖民者的认知中，正如欧洲人被分为法国人、德国人和英国人，非洲的一块土地应该由一个民族控制，除非是游牧民族。这完全是基于欧洲民族国家的历史的认知，即作为文化单位的民族同作为政治单位的国家应该是一体的。[3]法国殖民者对非洲历史与制度的认知建立在其自身的历史之上，即通过立法机构制定和通过的成文法来看待非洲土地制度设定。于是，非洲"无法律论"便由此而生。具体而言，法国殖民者认为非洲习惯法是毫无规则或无政府状态而言，或者近似法律状态之中。因为非洲

---

① Peter Duignan & L.H. Gann, *Colonialism in Africa, 1870-1960*, vol.4, Cambridge: Cambridge University Press, 1967, p.127. 转引自郑家馨：《殖民主义史》（非洲卷），北京：北京大学出版社，2000，第495页。

② 张玉友、张娟娟：《评法国'文明使命'论对阿尔及利亚民族国家构建的影响》，《西亚非洲》2023年第5期，第56页。

③ Jean-Pierre Magnant, « Le droit et la coutume dans l'Afrique contemporaine », *Droit & Cultures*, vol.24, No.2, 2004, p.16.

的规范和习惯同神灵和超自然力量有关，还同非理性的行为有关，比如上一章提到的祭祀、供品等，以祈求、安抚或请求神灵的干预。据此，法国殖民者认为这些习惯和习俗是模棱两可的，是自发形成的，不像现代法律那样经过详细阐述，具备完备的书面文本，仅依靠记忆是文明深度落后的体现，因此采取了抵制的态度。尽管后来法国殖民者意识到推行土地登记制度的困难，采取承认传统土地权利的做法，但是，殖民者对这些标准的适用施加了限制，从而限制了这些习俗的范围。"让民间法律及其结构继续存在实际上是唯一的可能，也是最廉价的方式。人们希望随着时间的推移，西方法律和整个西方文化能够传播到每个人的心中。同化是人们追求的理想。"[1]

第二节 法国殖民时期的土地立法

贝宁土地制度在法国殖民入侵之后，经历了最初的法国土地规范与贝宁传统土地规范并行时期，然后则是法国规范试图对土著规范的替代尝试，即"在政治强制力的驱动下，（将法国法律）直接移植到非洲传统法律文化土壤中去"[2]。最后则是形成了殖民规范与土著规范的混合体。正如马克思所言："第一，只要非欧洲

---

[1] Abdoulaye Harissou, *La terre un droit humain*, Paris, Editions Dunod, 2011, p.92.

[2] 夏新华：《非洲法律文化史论》，北京：中国政法大学出版社，2013，第81页。

法律对殖民者有利，就立即予以承认；第二，对非欧洲法律进行曲解，使之对殖民者有利；第三，用新的法律规定否定殖民地法律的某些规定；第四，用新的法律文件使殖民地的传统法律文明在实际上变形或解体。"[1]法国在贝宁最早的土地使用权的殖民规则可追溯到 1890 年 2 月 18 日颁布的关于国有土地授予方法的法令。在达荷美战役爆发时，土地所有权还没有确定的依据。为了改变这种状况，法国多兹将军于 1892 年 12 月 23 日颁布了一项法令，旨在新近兼并的维达、萨维（Savi）、阿夫雷克泰（Avrékété）、达荷美等地建立土地所有权制度。具体而言，贝宁土地制度的殖民化始于 1900 年，包括 1900 年《达荷美土地所有权法令》、1906 年《殖民地土地所有权组织法令》、1925 年《确立法属西非地区土著土地权法》、1932 年《重组法属西非土地所有权法令》、1935 年《法属西非国有土地法令》以及 1955 年《法属西非和法属赤道非洲土地所有权重组法令》。

一、1900 年《达荷美土地所有权法令》

在 1904 年 10 月 23 日的法令颁布之前，达荷美殖民地同其他殖民地一样，从属于法属西非联邦政府。因为法国殖民者不满足于同当地人建立一般贸易关系，而是通过各种直接与间接强制战略，逐步成为非洲土地管理的重要乃至主要管理者。继 1899 年 3 月 23 日的法属刚果、1900 年 7 月 20 日的塞内加尔以及科特迪瓦之后，1900 年 8 月 5 日法国殖民当局颁布了《达荷美土地所有

---

[1]　《马克思恩格斯全集》，北京：人民出版社，1985，第 45 页。

权法令》（*Régime de la propriété foncière au Dahomey*），旨在赋予法国军事征服的"合法外衣"。1901 年 3 月 24 日扩张至法属几内亚，至此法属西非殖民地都推行了土地所有权制度。这一法令受到 1899 年 3 月 23 日的《法属刚果土地所有制法令》（*Régime de la propriété foncière au Congo français*）的启发，属于同一掠夺路径的不同国家做法。实际上，该法令在某种程度上继承了 1804 年法国《民法典》的私人土地制度，是在贝宁首次确立不动产登记的原则与模式的法律文本。这是法国首次尝试完全控制非洲土地的做法，后来成为法属非洲的土地模式样板。但是，该文本在适用对象和形式方面都存在很多模糊性。

从内容来看，该法令涉及贝宁的土地以及林地等方面。从适用对象来看，根据第 1 条规定，"在达荷美的欧洲人及其欧洲人后裔或入籍法国的本地人受到该法令规定的约束"[1]。这就排除了当地土著人。同时，根据第 7 条规定，该法令可适用于需要进行土地登记的人，包括欧洲人或同化后的本地人。从程序来看，法令在第 33 条、第 58 条以及第 79 条中提及时效与取消方式，但只是不精确地规定了最后期限（第 2 条和第 12 条）。而且，为了加速程序的进行，将一般为三个月后不再受理申诉和异议的期限缩短了。

---

[1] Gouvernement Général de l'Afrique Occidentale Française, *Le Dahomey*, Paris, Emile Larose, 1906, p. 211.

二、1906 年《殖民地土地所有权组织法令》

1906 年 7 月 24 日的《法属西非土地产权制度组织法》(*Organisation du régime de la propriété foncière dans les Colonies et territoires relevant du Gouvernorat général de l'Afrique occidentale française*) 沿袭了 1900 年土地登记制度法令。但是，在殖民者的控制土地权利方面更加具体与详细。具体而言，该法令包括四编。第一编包括两章。其中第一章涉及组织，第二章涉及立法。第二章第一节专门涉及法国立法，共计 37 条，第二节专门规定土著习惯权利。第二编则涉及土地制度的运作，其中第一章涉及不动产登记的程序、手续、特征与范围，第二章为不动产权利的公布，包括登记手续以及土地所有权的合并与分割。第三章则是土地登记的咨询。第三编涉及处罚，包括第一章的登记员责任以及第二章的处罚措施。最后则是法令的总则。

法国颁布这一法令的目的在于通过土地登记程序将私人土地理念扩张至所有法属殖民地。法国为了大范围推广登记制度，以 1900 年 8 月 5 日的法令开启了土地登记制度，旨在鼓励土地所有人的个人化以及确保私人享有土地权。1906 年 7 月 24 日的法令将土地登记作为获得土地的关键程序。第 19 条规定《民法典》和法国法律的规定一般适用于已登记的建筑物及其相关物权，特别是当上述建筑物和物权为当地人所有时，当地习惯法中与人的地位和遗产继承有关的规则也适用于已登记的建筑物及其物权，只要这些规定和规则不违反本法令。[1] 也就是说，1906 年的法令强调了法国法律优先于殖民地的传统习惯法，并从法律上加强了殖民者土地管理标准的多元化。贝宁本土法律成为例外。但是，如果按照法国殖民法律进行了土地登记，那么则适用于《民法典》和法国法律。而当土地未登记且具有习惯法特征时，土地仍适用于习惯法原则。根据本法第 58 条对获取土地和享有对第三方强制执行权利保留一定空间。[2] 在法属西非的部分地区，土地所有权并不具备法国或西方私人所有权的所有特征，一个或多个所有者通过登记程序巩固了法国法律的优先权。

三、1925 年《确立法属西非地区土著土地权法》

虽然习惯法的适用范围被压缩，殖民统治的规则日益成为主要的规则，但是，法国在西非所推行的土地登记制度并没有如期展开，所期待的习惯法下的土地制度也未消失。由于土地登记制度未曾考虑到当地人的传统权利，以及低估了贝宁人特别是农村人对传统习俗的坚守以及对殖民法的强烈抵制，再加上贝宁社会内部的文化群体的多样性，殖民土地制度始终难以真正落实。为了解决这一问题，1925 年 8 月 8 日殖民地政府通过了《确立法属西

---

[1] Article 19 du Décret du 24 juillet 1906 portant l'organisation du régime de la propriété foncière dans les Colonies et territoires relevant du Gouvernorat général de l'Afrique occidentale française, p.5.

[2] Article 58 du Décret du 24 juillet 1906 portant l'organisation du régime de la propriété foncière dans les Colonies et territoires relevant du Gouvernorat général de l'Afrique occidentale française, pp.13-14.

非地区土著土地权法》（*Constatation des droits fonciers des indigènes en Afrique occidentale française*）。因此，1925 年 8 月 8 日的法令是对 1906 年 7 月 24 日的法令实施过程中遇到的困难进行重新调整的解决方法。不过，"目前的制度丝毫不影响 1906 年 7 月 24 日的法令关于土地保有权的规定"[①]。因此，1906 年 7 月 24 日的法令仍然有效。因此，我们发现出现了两个并行版本的土地规范法令，即 1925 年法令与 1906 年法令并行。后者则主要包括与土地管理有关的准法国法律条款，即照搬《民法典》的条款；前者主要包括与传统法律几乎相同的条款。

　　就其结构而言，1925 年 8 月 8 日颁布的关于在奥兰治和弗拉基米尔领地确立土著土地权的法令共有 14 条。该法令第 1 条宣布了殖民者关于该文本的目的和相关意图。它规定："在法属西非，如果土地保有权不具备法国现有的私有财产的所有特征，而且有关土地是根据当地习惯法规则持有的，则土地持有者有权在遵守下列规定的前提下，确立和维护其对所有第三方的权利。"[②]第 2 条提到了申请者的身份、方法与程序。[③]具体而言，提到了关于申请者身份的问题，却没有做出明确规定，因为实际上在习惯法下存在家族土地与个人土地之分。在技术上，允许申请者使用符合

[①]　Article 13 du Décret du 8 août 1925 instituant le mode de constatation des droits fonciers des indigènes en Afrique occidentale française, p.3.

[②]　Article 1 du Décret du 8 août 1925 instituant le mode de constatation des droits fonciers des indigènes en Afrique occidentale française, p.1.

[③]　Article 2 du Décret du 8 août 1925 instituant le mode de constatation des droits fonciers des indigènes en Afrique occidentale française, p.1.

规定的划界方式来进行土地划界。但是这种自我划界导致了第三方以及殖民地国家对申请者的信任问题。因此，此种划界形式备受争议。这样的安排有利于土地所有者（仅指土地的集体占有者）出售和出租土地，促进了个人私有财产的扩张，不过这种对私人占有的鼓励是建立在原传统习俗的基础上的。

其次，在确立土著土地权利的过程中，会颁发一份文件，作为手续完成的确切证明。"申请人由此获得的所有权证具有按照1906 年 5 月 2 日法令规定的形式签订的契约的价值，用于土著人之间的协议，并确认其拥有者的权利。只要受益人或其继承人实际占有土地，该地契就一直有效。除非根据判决或协议，否则不得剥夺土地所有权。"[1] 而且，这一权利可以扩展至已建成的不动产。[2] 这一条款确立了土著的土地权利。一方面，用于确立习惯土地法的文件数量稀少。最重要的特别登记册仅简要记录了既定文件和法院判决内容，并将其编号收入其中。如果适用该条款，则附上房屋平面图。[3] 另一方面，根据确立土著权利的程序获得的所有权具有法律效力。只要权利主张人继续证明其对土地进行了真实有效的开发，该登记便继续具备法律效力。此外，关于对土地权利的变更，法令第 7 条规定："所有具有构成、转让、宣布、修

---

[1] Article 5 du Décret du 8 août 1925 instituant le mode de constatation des droits fonciers des indigènes en Afrique occidentale française, p.2.

[2] Article 6 du Décret du 8 août 1925 instituant le mode de constatation des droits fonciers des indigènes en Afrique occidentale française, p.2.

[3] Article 2,4 du Décret du 8 août 1925 instituant le mode de constatation des droits fonciers des indigènes en Afrique occidentale française, p.1.

改或取消由此构成的权利、改变持有人或其条件的事实、协议或
裁决，以及有关各方希望将其存在记录在案的事实、协议或裁决，
都将在特别登记册和给予持有人的所有权证上登记；第4条所述的
小册子将附有新页，受益人也将获得登记证书。"[1] 以前颁发的地契
仍保留其原有的法律价值，并附有确认权利变更的新登记证书。

最后，1925年法令第8条规定："如果所有权或证书遗失，只
能由土著法院决定补发一份，并向受益人颁发登记证书。"[2] 因此，
所有权证明文件或证书的遗失并不构成先前确定的权利的丧失。
只有土著法院才有权重新确立有关的土著权利。但是，习惯法法
院的作用并不仅限于签发遗失的所有权证或证书。从这一角度来
看，习惯法法院在该法令的适用中发挥着主导作用。第11条对此
做了详细说明："作为1924年3月22日法令规定的例外情况，为
了当事人的利益，地区指挥官在与当事人相同的条件下享有上诉
权。"[3] 关于土著法院，必须指出的是，其构成并非完全来自原住
民。这些法庭实际上仍由殖民地行政长官领导，原住民陪审员仅
作为中间人协助。

[1]　Article 7 du Décret du 8 août 1925 instituant le mode de constatation des
droits fonciers des indigènes en Afrique occidentale française, p.2.

[2]　Article 8 du Décret du 8 août 1925 instituant le mode de constatation des
droits fonciers des indigènes en Afrique occidentale française p.2.

[3]　Article 11 du Décret du 8 août 1925 instituant le mode de constatation des
droits fonciers des indigènes en Afrique occidentale française, pp.2-3.

四、1932 年《重组法属西非土地所有权法令》

1932 年 7 月 26 日关于《重组法属西非土地所有权法令》（*Réorganisation du régime de la propriété foncière en Afrique occidentale française*）实际上是 1906 年法令的翻版。该法令分为四编七章共 185 条条款。第一编两章，包括土地所有权制度的组织和适用于注册建筑物的立法。第一章涉及组织结构，第二章涉及立法。其中第二章第一节专门讨论法国立法，共有 62 条，第二节专门讨论土著习俗权利，只有 1 条，即第 63 条。第二编涉及土地保有制度的运作。第一章涉及不动产登记的程序与手续，以及对该制度的修改。第二章涉及物权，包括土地登记形式以及土地所有权的合并和分割。第三章涉及土地登记册的构成，包括信息沟通。第三编涉及处罚措施。第一章涉及登记员的责任，第二章涉及各种处罚举措。第四编则是总则。[①]

实际上，法国殖民统治者在 1932 年颁布的这一法令并没有对土地所有权制度进行重大改革，但依然存在一些重要的改革举措。首先，1932 年法令仍然承认 1900 年、1901 年和 1906 年对法属西非土地所有权的规定，包括程序、手续和行为，其中的土地所有权的证书、副本和证明。其次，1932 年法令又重新回到 1906 年法令的框架之内。这体现为否定了 1925 年法令第 28 条规定，重申

---

① Décret du 26 juillet 1932 portant réorganisation du régime de la propriété foncière en Afrique occidentale française.

了国家所有权优于申请人的所有权。原因在于，法国殖民者认为地方行政当局经常利用第 58 条为自己谋利，这就导致了所有习惯法框架下的土地都以属于殖民政府为名并入法国领土。正如 1932 年 1 月 17 日，在贝宁阿拉达市二级法院利用判例承认重申了这一原则。第三，1932 年法令仍然保留了负责保护土地所有权和土地权利的机构。该机构最早可追溯至 1906 年法令。但是，1932 年法令要求正在以及之后进行的土地申请的程序、手续和行为都必须符合 1932 年法令，不过其最终结果仍是签发地契和证书。第四，该法令是极少数真正涉及解决抵押权消灭问题的法令。之前被废除的第 51 条抵押权消灭方法在第 45 条内重新出现。抵押权消灭是指通过构成担保的债务的取消而实质上消灭抵押权。然后通过一种撤销方式，债权人放弃其权利，最后通过第三方持有人在强制征用或处于公共事业原因征用时完成取消抵押程序。不过最为瞩目的创新在于取消注册不动产所有者权利的方法。①

五、1935 年《法属西非国有土地法令》

1935 年 11 月 15 日颁布专门性土地法令，即《法属西非国有土地法令》（ *Réglementation des terres domaniales en Afrique-occidentale française*)，是专门进行殖民地大面积土地管理的法律规定。该法令包括 15 个条款，旨在为殖民当局大量征用非洲人民的土地提供便利，强化法国的殖民统治。法令第 14 条规定，废除以前所有与

---

① Article 45 du Décret du 26 juillet 1932 portant réorganisation du régime de la propriété foncière en Afrique occidentale française, p.7.

本法令相悖的规定，特别是 1900 年 7 月 20 日、8 月 5 日和 1901 年 3 月 24 日关于塞内加尔、科特迪瓦、达荷美和几内亚殖民地公共领地和国有土地制度的法令，以及 1904 年 10 月 23 日关于法属西非领地的法令。[①]

　　该法令详尽列举了具有领地特征的各种形式。事实上，庄园（Cadastre）可被视为一块大面积土地。而这个概念以前由零散的法令确定。1935 年 11 月 15 日的法令重新定义该概念，其中第 1 条描述了殖民地的土地类型：第一，法属西非的空置土地和无主土地归国家所有；第二，闲置或空置时间超过十年的非正常所有权的土地也归国家所有；第三，土著社区或其代表酋长行使集体享有权的土地只有在副省长议会批准后才可转让或出租。[②]但是，对土地面积进行了限制，仅限不超过 100 公顷。超过 100 公顷的土地占用则必须由总督常设委员会批准。因此，这些条例旨在通过建立限制性措施，阻止土著对土地的要求，进而逐步剥夺土著的权利。

　　此外，1932 年法令对何种行为体可以获得土地做出了限制。根据 1932 年法令，特许权只能授予那些能够证明自己拥有保证其发展所需的财政资源的个人或公司。作为例外，200 顷以下的特许申请人，如果其土地面积较小，且可以通过个人或家庭努力进行开发，则可以免除这一要求。但是，任何持有者仅能获得一项此类特权。但是，需要注意的是，申请者遵守殖民当局关于获得土

---

　　①　Article 14 du Décret du 15 novembre 1935 portant réglementation des terres domaniales en Afriqueo-ccidentale française, p.4.

　　②　Article 1 du Décret du 15 novembre 1935 portant réglementation des terres domaniales en Afriqueo-ccidentale française, p.1.

地的条件也不必然能保证其持续使用权。根据第 8 条规定，殖民当局可以收回其授予的土地使用权，从而土地收归殖民国家所有。[①] 当然，这些收回并不完全是任意的，而是必须符合一定条件。政府保留在任何时候收回为国家或殖民地提供服务和实施公共工程所需土地的任何临时或永久性权利。撤销殖民政府授予的土地权利的唯一要求是，土地必须用于为殖民地提供服务或实施公共工程。这就是一种征用形式。因此，持有者并不是完全占有。

六、1955年《法属西非和法属赤道非洲土地所有权重组法令》

1955 年 5 月 20 日颁布第 55-580 号法令《法属西非和法属赤道非洲土地所有权重组法令》(*Réorganisation foncière et domaniale en Afrique française et Afrique équatoriale*)。该法令包括十三条，适用于法属西非和法属赤道非洲地区。该法令废除了 1989 年 3 月 28 日关于法属刚果国有土地制度的法令第 1 条和 1935 年 11 月 15 日关于法属西非国有土地的法令第 1 条。其中强调，与本法令相悖的所有其他规定也一并废止。[②] 其主要目标有两个，即维持国有土地制度和土地特许制度，以及正式承认习惯法下土地权利。

首先，继续维持国有土地及其土地特许制度。第一，尽管《民法典》第 713 条依然适用，但是须遵守该法令中特别规定。但是，

---

① Article 8 du Décret du 15 novembre 1935 portant réglementation des terres domaniales en Afriqueo-ccidentale française, p.3.

② Article 13 du Décret-Loi N°55-580 du 20 mai 1955 en matière de réorganisation foncière et domaniale en Afrique occidentale et en Afrique équatoriale française, p.5.

关于空置土地和无主土地类别的原则并未消失。该法令依然援引《民法典》第713条重申了这一原则，即所有财产，特别是不享有任何占有权的土地、未被占用或遗弃的土地，今后都是殖民地国家的财产。这是国家的公共土地（Domaine publique de l'Etat）。最初由1904年10月23日关于西非土地组织的法令规定，后来被1935年11月15日关于西非国有土地法令所废除。为此，立法使得这些土地能够摆脱各种私人侵占财产的方式，因为它们被承认为私人占有土地。在法属西非和法属赤道非洲，国家、领地和其他公共当局的土地私产由上述当局以《民法典》或登记制度规定的形式和条件持有的财产权和不动产权组成。但是，国家私产土地可以被私人占有，并不具备公共土地的特征，如权利的不可剥夺性、无时效性和不可撤销性。个人合法私有财产不用于提供公共服务。与此同时，该法令增加了土地特许权的条件，即需对土地进行有效合理开发，但是却未对其时间进行明确。唯一有能力进行是否合理有效开发的评估者仍是殖民地政府。

其次，1955年5月20日法令也确认了与土地管理有关的习惯权利，不排斥其他土地占有权利存在。第3条第1款规定，"在法属西非和法属赤道非洲，对未按《民法典》或登记制度规定划拨的土地集体或单独行使的习惯权利予以确认"[1]。这一规定体现了殖民地国家内部的平行土地管理体系。一方面，集体土地未被征用，这意味着无论是集体的还是个人的，习俗所保障的权利都得到了

---

[1]　Article 3 alinéas 1er du Décret-Loi N° 55-580 du 20 mai 1955 en matière de réorganisation foncière et domaniale en Afrique occidentale et en Afrique équatoriale française, p.1.

确认，条件在于其占有不受《民法典》和登记制度的限制。另一方面，该条款强调两种土地占有形式：一种是按照习惯法的占有，另一种则是遵守《民法典》规定和登记制度的占有。但是，这种所谓的根据习惯法框架下的占有并不是殖民化之前适用于贝宁地区的习惯制度的土地保有形式，因为在当时并不存在所谓的土地占有。因此，需要注意的是，1955 年法令中的习惯规则实际上已经是一种被扭曲的制度，并不符合土著土地管理的愿望和理念。因此，这实际导致了三种殖民地的土地管理规范，即习惯规范、殖民规范以及习惯规范同法国法律的混合形式规范。而其中的管理者则主要是殖民管理者和与殖民地项目相关的土著酋长。

最后，1955 年法令的第 11 条规定了国家征用土地的权利。但是，这种征用权利仅适用于按习惯法持有的土地。具体而言，第 1、2、3 款规定："在法属西非和法属赤道非洲，为公共利益征用土地的制度适用于习惯权利，但须遵守以下规定：当计划征用的土地包括不符合《民法典》或登记制度的土地时，除了进行公用事业调查外，还应在发布转让令之前进行潜在矛盾的调查。"[①] 同时，征用包括两种形式，即与行使个人习惯权利的土地有关的征用以及与确认集体习惯权利的土地有关的征用。

我们看到这些模棱两可的法律，表明了殖民地政府很难将外来制度同非洲大陆的法律、经济和社会文化相协调，特别是考虑到很多具体方面。大多数殖民地管理人员并不关心这些规定，这

---

①　Article 11 alinéas 1, 2 et 3, du Décret-Loi N° 55-580 du 20 mai 1955 en matière de réorganisation foncière et domaniale en Afrique occidentale et en Afrique équatoriale française, pp.4-5.

使得无法实现原有既定的土地登记目标，所以最终仅有很少的殖民地土地接受土地登记。

第三节　法国殖民政府的土地制度

殖民政府必须解决的问题是，如何将在此之前一直由当地村社根据其习俗占有的土地置于殖民地国家控制之下。法国在包括达荷美在内的各殖民地尝试了各种法律、制度和技术机制。正如约瑟夫·科姆比（Joseph Comby）所言："殖民者将私有财产的概念引入非洲大陆，企图摧毁当地土地制度的所有基础和特征。源于西方的'法律'一词出现了一个唯习俗之上的社会。'法律'广义地可以理解为管理社会生活的规则，包括管理土地的规则。在非洲社会，法律的主要特征之一是存在所谓的传统法或习惯法，以及源自殖民遗产的所谓的现代法。因此，非洲法律是几种法律的叠加：一种或多种传统法，一种或多种现代法。"[1] 具体而言，法国在贝宁建立起了无主和空置土地制度、法式托伦斯制度、国家所有权制度以及新习惯法土地制度。

一、无主土地或空置土地制度

所谓的无主土地理论可以追溯至法国 1804 年颁布的《民法典》，并通过 1935 年 11 月 15 日通过的关于法属西方国有领土的

---

[1]　Jean-Christophe Roda, *Droit et surnaturel*, Paris, Editions LGDJ, 2015, p.109.

法令加以在殖民地强化落实。

　　首先，1804 年《民法典》两个条款包含这一土地管理概念。第 713 条规定，无主财产归国家所有。[1] 这里所指的财产是土地。在非洲殖民地的许多地区，并没有人定居和生产。但是，由于非洲土地的不可分割性和神圣性，它只是至高神的财产。因此，不可能被任何人所拥有，也就无法被处置。因此，通常非洲人只选择满足其生存需要的特定空间进行定居与生产。但根据法国或西方的财产权模式，非洲土地被遗弃或未被任何人所支配的情况下，这片土地便是没有主人的。因此，法国据此可以宣布实施这一条款。除了该条款之外，《民法典》第 539 条更对空置和无主土地的原则做了详细说明。除了处于自然状态的土地之外，这类无主财产包括无继承人或无遗嘱的死者财产。[2] 但是，这对于非洲人来讲，无疑是完全不同的另一种文明，既不被他们理解，也不被他们接受。因为，除了动产之外，非洲人既没有西方意义上的土地继承，也没有西方意义上的土地遗产一说。

　　"在法属西非，空置和无主土地属于国家。"[3] 这些所谓的无主土地要么属于国家的公共财产，要么属于国家的私产。作为国家的公共财产，这意味着主要用于公共服务工程。作为国家的私产，意味着国家可以以特许权的方式分配给个体加以开发。因此，个体可以通过法定程序向国家提出分配申请，国家将其所有的非公

---

①　Article 713, Code civil français de 1804, p.111.

②　Article 539, Code civil français de 1804, p.85.

③　Article 1 alinéa 1er du Décret du 15 novembre 1935 portant réglementation des terres domaniales en Afrique-occidentale française, p.1.

共用途土地分给这些个体。由于贝宁是一个农业殖民地，拥有很多优质的耕地，很多殖民公司申请获取该土地。因此，很多殖民者成为大庄园的所有者，这些大庄园来自国家所称的空地或无主土地。这些土地在殖民政府的帮助下获得，并进行官方登记，因而拥有土地所有权证书，使其获得了受殖民国家保护的明确不可侵犯的所有权。即使到今天，这些情况的后果依然显而易见。新独立的国家无法将这些土地收回加以重新分配，也不能将其完全国有化，因为这不符合以国际货币基金组织为首的国际金融机构所推行的概念。

二、法式托伦斯制度

为了定居者的利益而征用土地的逻辑，剥夺了习惯权利持有人的土地。这就是土地登记被发明的最初缘由。托伦斯制度最初源自英国在澳大利亚殖民地的土地实验，是英国掠夺和控制当地原住民土地的一种机制。该制度诞生于南澳大利亚地区，由南澳大利亚首任登记总管罗伯特·托伦斯（Sir Robert Torrens）首创，并以其本人名字命名，并于1863年在澳大利亚推广应用，随后传播到西方国家。托伦斯改革土地登记制度源自英国船舶登记制度，即船舶应当向政府登记并获得政府颁发的所有权证书，自此任何过户登记均需要进行重新登记与颁发证书。1857年年底，南澳大利亚颁布了《托伦斯登记法案》（*Real property Act 1858, No.15.S.A.*），以"不动产法的名义鼓励动员殖民者获取财产所有权"，1861年经过修改和完善最终形成，即《托伦斯法案》（*Act Torrens*）。从1858年起，南澳大利亚的土地所有权须通过向政府登记所获得的证书来确认。由此，一套以中央登记处为中心的全新登记制度建立，其核心是土地经登记后即拥有"不可推翻的权利"，还规定了国家赔偿机制保障其权威性。[1]该法案确立了三大基本原则，即不可进行法律历史追溯、任何转让或抵押的不可撤销性以及不可对登记者进行诉讼的原则。[2]但是，国家却对契据内容的真实性以及瑕疵与否不做实质性审查。[3]不过，可以向国家发起诉讼，因为是该机构对此进行登记。这种掠夺和控制当地原住民的机制对土地有着极大的破坏性。《托伦斯法案》的法律原则适用于新征服的殖民地国家。在这些国家，不动产的来源和转让不能继续依据不同的习俗和复杂的土著立法。

　　根据托伦斯制度，殖民地所有原住民的土地都属于殖民地国家所有。殖民地国家认为自己是行使其主权的所有土地的所有者。殖民国家对于土地的组织和管理并没有将登记作为强制性秩序加以推广。但是，托伦斯制度却保障了登记财产的权利。在非洲，包括达荷美，法国对这一殖民制度非常关注。1885年的法国财政部发布的《统计与立法比较公报》中刊载了《澳大利亚不动产法》的全法文译本。受到该制度的极大启发，在保持基本原则不变的

---

　　① 屈茂辉、颜雅仪：《托伦斯登记制度的发展史探析》，中国高校人文社会科学信息网，第 2 页。网址：http://www.sinoss.net。

　　② Encyclopédie : Question sur... L'arpentage de l'Australie et le système Torrens : deux réalités disjointes，Fiche N°13.09. Q01, jan. 2024. Url: http:www.academie-agriculture.fr onglet "Publications" puis "Table des matières des documents de l'Encyclopédie".

　　③ 屈茂辉、颜雅仪：《托伦斯登记制度的发展史探析》，中国高校人文社会科学信息网，第 2 页。网址：http://www.sinoss.net。

情况下，法国为了应用于所统治的殖民地，对其进行了重大修改。法国在托伦斯制度、德国与法国的地契制度之间选择了一个折中方案，并参考了 1873 年的阿尔及利亚法律和比利时的法律，在突尼斯建立了不动产登记制度（Immatriculation des immeubles），1885 年 7 月 1 日正式生效。因此，该模式又被称为突尼斯模式，并随着后来法国殖民地的不断扩张陆续推广至广大非洲国家。该制度有以下几个方面的特点：第一，它是真实公开的（Publicité réelle），不过公开的是不动产持有者的名字而非所有者，这是为了有据可查；第二，它是可选择的，非必需选项；第三，登记是由不动产混合法庭来进行，即由其确定所有权的起点、不动产所有权的更新是否由登记后续程序的各方负责；第四，一旦宣布登记，不动产就会受到法国法律管辖。[①] 据此，法国在其殖民地便拥有了一个可以记录不动产权利的公共登记册。这些权利一经登记，就会颁发登记证明，便可对第三方强制执行，从而为法国在非洲的殖民地扩张提供了便利。

三、国家所有权制度

国家所有权制度实际上源自所谓的国家继承理论。国家继承是，当一国在国际关系上对其领土范围内所享有的国际权利和承

---

① Nada Auzary-Schmaltz, Le régime foncier tunisien Origines et évolution après l'indépendance, in Law, land use and the environment: Afro-Indian dialogues: Enjeux fonciers et environnementaux : Dialogues afro-indiens, dir. par Christoph Eberhard, Pondichéry, 2008, pp.315-330. Url: https://books.openedition.org/ifp/3916?lang=fr.

担的国际义务被另一国取代时而产生的一种法律关系的转移。[①] 据此，法国殖民者声称其在殖民地土地上拥有因驱逐当地土地酋长和政治酋长而产生的权利。殖民政府的唯一目标就是获取被它废黜的君主和传统领导人对这些土地所拥有的专有权。假设这些被废黜者享有对土地的私有产权，那么殖民地政府就可以取代这些行为体从而确立起对这些土地的绝对控制权。但是，实际上传统非洲酋长对其权力所覆盖的广大地区并不享有绝对和排他的所有权，更多是一种虚拟的控制权。

尽管这样的错觉导致殖民地政府很多尝试的失败，但是殖民地政府仍然自视为主权者，以征用土著土地。从根本上来看，殖民政府大规模没收当地民众的土地，是为了大公司和大企业的利益。"实际上，公司享有独占土地的绝对特权。"[②] 因此，殖民政府被视为一个主要的土地和不动产的分配公司。非洲的政治秩序以及随后的土著政治和行政机构发生了变化，并逐渐消失。对土地管理至关重要的原住民酋长被撤换。1930 年 11 月 26 日颁布的关于在法属西非征用土地用于公共用途和临时占用的法令，将征用土地确定为一项法律程序。后来，1931 年 6 月 16 日和 1933 年 12 月 20 日通过的另外两项法令对其进行了修改，将征用分为两种形式：出于公共目的的征用和出于友好转让的征用。该法令第 1 条规

---

① 王铁崖：《国际法》，北京：法律出版社，1995，第 89 页。

② Article 1 du Décret du 26 novembre 1930 sur l'expropriation pour cause d'utilité publique et l'occupation temporaire en Afrique occidentale française, p.1.

定，"在法属西非，公共利益征用由司法当局执行"①。作为法属西非一部分的贝宁同样如此。对农民社区的征用始于特许权的分配。从一开始，非洲人的权利就被忽视了，因为他们不熟悉私有财产，而私有财产是《民法典》承认的唯一所有权形式；当时的法律专家忽视了土地酋长的作用，但土地酋长的存在是有据可查的。殖民政府为自身利益行使公共权力，是一种法律掩护下的特权。因此，它需要建立并实施西方式的土地管理来实现这一目标。土地相对丰富，林区土壤肥沃，人口密度极低以及流动性，这些都被用来发展"无主空地"理论，其所有权归国家所有。

国家所有权原则和土地征用机制在某种程度上是相关联的。通过征用，土地从一种法律制度转移到另一种法律制度之下。换言之，从私人所有的法律制度转到（殖民）公共所有的法律制度。通过这一行动，殖民者从当地人手中夺走了他们对其土地行使的所有权，以便对土地进行改造、转让，并将其提供给整个社区。根据第 3 条第 1 款的规定"征用权产生于：授权开展计划行动的行为，例如：修建公路、铁路或港口、城市工程、军事工程、开发和保护森林、恢复山路、保护遗址或历史遗迹、开发水力发电和分配能源、安装公共服务设施、创建或维护公共领域、排水、灌溉和干燥工程等"②。这是为了公共利益而进行的征用。在这一

---

① Article 1 du Décret du 26 novembre 1930 sur l'expropriation pour cause d'utilité publique et l'occupation temporaire en Afrique occidentale française, p.1.

② Article 3 alinéa 1er du Décret du 26 novembre 1930 sur l'expropriation pour cause d'utilité publique et l'occupation temporaire en Afrique occidentale française, p.1.

问题上，该法令列出了一个并非详尽无遗的公用事业征用案例清单。殖民地政府的具体需求因殖民地遇到的困难和利益而异。因此，在指定为公共利益而征用的地区方面存在某些例外情况。在第 5 条第 1 款中，法令规定"副总督的命令应指定适用征用的财产，如果该指定不是由宣布公共利益的法令产生的"[①]。

此外，关于"友好转让"，1930 年 11 月 26 日关于法属西非公共利益征用和临时占领的法令第 7 条规定，"第 5 条规定的命令应在官方公报和房舍所在地法律公报上公布。行政当局应立即将该命令通知有关业主、占用者和已知使用者"[②]。然后，受征用令影响的各所有者有两个月的时间发表意见。在该条之后，另一条规定则进一步表明了殖民者的意图。第 9 条第 1 款规定："在此期限之后，上一条中指定的有关各方被邀请亲自或通过代表与征用者或其代表一起出席由副省长指定的三名行政人员组成的委员会，以便就补偿金额达成友好协议，补偿金额将根据第 13 条规定的依据计算。"[③] 从这些规定中可以得出结论，"友好征用"制度并不是真正意义上的友好征用制度，因为它掩盖了一种软性的强制转让，所有权人参与讨论和司法辩论以帮助确定征用金额。

[①] Artcile 5 alinéa 1er du Décret du 26 novembre 1930 sur l'expropriation pour cause d'utilité publique et l'occupation temporaire en Afrique occidentale française, p.1.

[②] Artcile 7 du Décret du 26 novembre 1930 sur l'expropriation pour cause d'utilité publique et l'occupation temporaire en Afrique occidentale française, p.2.

[③] Artcile 9 alinéa 1er du Décret du 26 novembre 1930 sur l'expropriation pour cause d'utilité publique et l'occupation temporaire en Afrique occidentale française, p.2.

四、有限承认传统土地制度

在每个法律体系的历史上，习惯的确立都是在法律趋向于成为成文法的时候进行的。因此，在贝宁殖民地，殖民立法制度的反复试验导致传统习俗被转录到一份文件中，以帮助殖民者掌握其精髓。事实上，以书面形式编纂习俗是殖民时期留下的遗产。1933 年的《达荷美习惯法》（*Coutumier du Dahomey*）不是欧洲意义上的法典，只是反映特定时期法律状况并可能不断发展的判决汇编。序言指出，习惯法并非由法典条款组成。它是一份记录作为判决依据的习惯的文件。按照这种逻辑，它是一种"有争议的法律"，因为它以习惯法为基础。在西非的某些地区，习惯法集一直存在，但并非详尽无遗。《达荷美习惯法》也是如此。这究竟是殖民者有意遗漏，还是殖民者从未实施过因此不了解而致呢？应该指出的是，并不是所有的习惯都被起草或记录下来，而只是那些在习惯法法院的审判中被使用的习惯。这是殖民者根据《民法典》的程序进行的观察和数据收集。因此，不能说《达荷美习惯法》反映了达荷美人的所有传统。土地管理规则的口述性使得其始终同其他习俗相结合，如特定仪式、典礼以及源自万物有灵论的模糊戒律。这样，从法律口述到法律转录或编纂，习惯土地规则被扭曲和破坏。因此，"我们面临着双重过滤：一方面是酋长和显贵，他们倾向于高估并经常捏造他们从中受益的特许权使用费、他们所拥有的特权、他们控制的土地；另一方面是管理者，他们试图用术语来表达这一版本接近西方法律，并使其符合殖民制度的要求"[①]。因此，口头法律知识不能简化为通过证词揭示的习俗汇编。20 世纪 30 年代曾有过这样的尝试，但以失败告终。对殖民者来说，由于习惯土地管理不利于殖民开发，所以必须清除与土地管理有关的传统规则。这就需要彻底重组土地使用权制度。起草习惯法是实现殖民土地垄断的明确步骤。这意味着达荷美土地法的口头性逐渐消失，习俗有了新的方向，即重新制定立法和理论。"因此，这种法律渊源所固有的灵活性消失了，它回应社会需求的适应性也消失了。这清楚地表明了起草工作的破坏性以及起草工作所带来的从口头法到成文法的过渡。"[②] 1936 年，殖民部成立了"土著习俗研究委员会"（Comité d'étude des coutumes indigènes），该委员会于 1939 年出版了《法属西非习惯法》（Coutumiers juridiques de l'Afrique occidentale française）。这项工作标志着法律口述的终结，进而标志着习俗的终结，习俗失去了其本质。此外，应该指出的是，"抄录"本身并不是导致传统土地习惯法丧失其本质的原因。传统规范不仅被剔除了所有迷信和同义词，仿佛要洗去所有污点和杂质，而且还被重新制定、解释和改写。始终如一的逻辑便是要摆脱所谓的非洲黑人的荒谬或反常。对传统规范的整理使习惯法失去了其本质，同时也改变了其所有权和实质内容。

　　之所以要承认习惯法，选择适用的规则和标准，这是为了获得土著居民的大力支持，使其接受现在属于他们的法律，并且几

---

①　Jean Pierre Olivier de Sardan, *Les sociétés songhay-zarma (Niger, Mali), Chefs, guerriers, esclaves, paysans*, Paris, Karthala, 1984, p.223.

②　Jacques Vanderlinden, *Les systèmes juridiques africains*, Paris, Presses Universitaires de France, 1983, p.13.

乎保持不变。这绝不是法国人对多元文化的宽容与接纳。一方面，"这种宽容主要是由于缺乏人力和财力"①。但是，正如前文所提及的，殖民者还对这些标准的适用施加了限制，从而限制了这些习俗的范围。"让民间法律及其结构继续存在实际上是唯一的可能，也是最廉价的方式。"② 另一方面，对当地土著习俗的排挤或废除破坏了殖民者与被殖民者之间的关系。殖民者必须重新审视已制定的战略，重新赢得殖民地居民的信任。此外，殖民当局的限制策略是建立在殖民者与部分当地土著领导的合谋基础之上。事实上，殖民战略的兴盛要归功于某个特权阶层的干预：土著酋长和名流。土著酋长原来被视为人民的向导，被神灵选中带领人民走向命运之路，他们却成了殖民统治建立的武器与工具。"传统的非洲酋长的加入加速了传统土地权向殖民者民法的演变。"③ 另外，还包括第三类人：被同化者。同化政策是确保《民法典》落实并为人们所接受的一种更实际、更可靠的方法。但由于遭受传统习俗的强烈抵制，实现这一目标需要更长的时间。"民众权利的适用受到了极大的限制，因为它们只适用于法律的某些领域，适用于土著人之间

---

① La déclaration du millénaire et les objectifs du millénaire pour le développement ont été adoptés par l'Assemblée Générale des Nations Unies en 2000 et ont pris fin en 2015.

② *Livre blanc de politique foncière et domaniale*, Ministère de l'Urbanisme, de l'Habitat, de la Réforme Foncière et de la Lutte contre l'Erosion Côtière, 2011, p.12.

③ Abdoulaye Harissou, *La terre un droit humain*, Paris, Dunod, 2011, p.92.

的法律关系，前提是这些关系不违反法律，不违背公共秩序。"[①] 因此，殖民者可以决定适用或不适用哪种土著规范或习俗，甚至歪曲或篡改传统习俗，以满足殖民统治需要。

第四节　贝宁土地制度殖民化影响

正如让·皮埃尔·马尼昂（Jean-Pierre Magnant）所言，"一切都始于对殖民前非洲法律的一系列误解，这些误解源于殖民地律师，尤其是法国律师，对习惯现象以及更广泛意义上所有规范缺乏理解"[②]。法国在贝宁的土地殖民化对贝宁的土地制度带来了不可逆的影响，而且"欧洲殖民国家的入侵，引起了非洲法律起草上一场本质的革命，至今仍对非洲法律有影响"[③]。源自西方历史的法律与制度文明深刻改变了贝宁社会的土地属性、传统规范、土地管理制度等，也带来了长期且深刻的社会经济影响。

一、贝宁土地制度复杂化

贝宁土地制度殖民化最直接的表现便是贝宁出现了多元的土

---

① Elisa Assidon, Le développement comme promesse de financement - esquisse d'un bilan, in Elsa Assidon et Jacques Adda (éd.), Dette ou financement du développement, Paris, L'Harmattan, 1991, pp.123-139.

② Ces frais de retrait s'élèvent à 25000f CFA, soit 38, 11 Euro.

③ A. Kodwo Mensah-Brown, *Introduction to Law in Contemporary Africa*, Conch Magazine Limited , 1976, p.11.

地制度并存的局面。其次，则是新的经殖民当局公开承认的习惯法建立起来了，但是在这一冲击进程中，普通民众也适应性发展了传统的习惯法。

首先，混合土地制度产生。西方法律文化的传入是导致近代非洲法制变革的重要动因。一方面，千百年来因循守旧的村社制度和土地制度受到了强烈的冲击，这种冲击成为促使近代非洲法制变革的重要动因，深刻影响了贝宁法律文化的历史进程，推动了贝宁法律变革的浪潮。但是，我们要意识到法国殖民统治者并没有建立起一整套完整严密的贝宁土地管理体制。实际上，在维护其殖民统治的最高目标下，很多土地法都是根据当时殖民者的意愿以及所遭遇的具体问题而颁布的。因此，所形成的土地制度框架实际上只是一系列零散法律的结合体。实际上，这套制度既不同于法国本土的土地制度，更不同于非洲传统土地制度。因为这些法律所依据的法律原则与法律观念均与非洲本土法存在着根本差异。这种本质性差异导致了互不兼容的法律并存的局面。"在同一个村庄内，不同法律管辖的地区可能并存。"[①] 这套新制度对于定居非洲的欧洲人来说是母国法律秩序的移植，但是对于普通的非洲人来说则是现行效力更高的法律。[②] 因为新土地制度比起法国

---

① Charles Ntampaka, *Introduction aux systèmes juridiques africains*, Namur, Presses universitaires de Namur, 2003, p. 92.

② Philippe Lavigne Delville, *Comment articuler législation nationale et droits fonciers locaux : expériences en Afrique de l'Ouest francophone*, In: Politique des structures et action foncière au service du développement agricole et rural. Actes du colloque. CNASEA; AFDI; FNSAFER., Paris, France, 1998, p. 6.

本土制度更为广泛、更为灵活，也部分地适应了殖民地实际情况。具体而言则是，它适用于所有法国殖民地，是殖民者根据殖民地经常出现的情况不断修正的产物，而且在实际制定法律与管理过程中，均在不同层面和不同程度上参考了当时的习惯规范与管理方式。总之，这导致了一种法律多元化的杂糅局面。

其次，新的习惯法框架的形成。一方面，为了稳固殖民统治，殖民者于 1933 年编纂了《达荷美习惯法》。这部传统法律重要文本实际上建立在多重误读的基础上。第一，该法律是以《民法典》作为基础起草的，殖民者难以真正理解和掌握传统规范的逻辑以及法治概念。第二，这些法律条文的解读是以殖民者当时的统治目标为框架进行的。第三，这些法律大多数是由殖民占领初期酋长们回顾性描述本土的土地制度以及民众的相应权利。[1] 第四，语言翻译过程中无法完全展示原习俗的内涵。当地人并不精通法语，而法国殖民者也不能完全精通复杂多变的非洲语言，特别是很多当地词汇和表达方式并不能在法语中找到对应的方式。因此，适应性翻译成为常见方式。更何况，由于贝宁族群众多，习俗也各有特点，很多习俗并未被殖民者收录其中。总之，"习惯法和法国法律被认为是不平等的。前者依赖于后者，只要后者被修改得与

---

[1]　Philippe Lavigne Delville, *Comment articuler législation nationale et droits fonciers locaux : expériences en Afrique de l'Ouest francophone*, In: Politique des structures et action foncière au service du développement agricole et rural. Actes du colloque. CNASEA, AFDI, FNSAFER. Paris, France, 1998, p.3.

前者相似"[①]。另一方面,由于大多数当地人难以理解和应用殖民者制定的土地管理规范,一种适应性非正式规范与做法开始在殖民地蓬勃发展起来,获得原住民社会的承认,虽然这并未得到法律承认。这是因为非洲习惯法一直都很灵活,能够适应不同外来法律的冲击。随着殖民时代的到来,殖民统治及其规范的实施,迫使习俗规范在保持传统习俗的原则下,在不断同前者交锋中演变,直到产生新的土地管理标准与做法。实际上非正式程序可以允许我们发现两种不同法律秩序之间的互动。这被称为"非正式的上诉机制"[②]。

二、对社会经济的影响

贝宁土地制度的殖民化对贝宁社会经济产生重要影响。恩格斯指出:"公社的产品愈是采取商品的形式,就是说,产品中为自己消费的部分愈小,为交换目的而生产的部分愈大,在公社内部,原始的自发的分工被交换排挤得愈多,公社各个社员的财产状况就愈加不平等,旧的土地公有制就被埋葬得愈深,公社也就愈加

---

① Sèna Hélèn Houndjahoue Lahaye, *Quand le droit devient culture : le droit traditionnel au bénin*, Mémoire de Master, Université du Québec à Montréal, 2013, p.28.

② Sylvia Soro, Daniel Lopes et Seynabou Samb, *Le pluralisme juridique en matière foncière en Afrique de l'Ouest : le cas de la Côte d'Ivoire*, Rapport d'intégration 2 : Comment se manifestent et sont gérées les interactions entre les ordres juridiques étatique et autochtone ? Etat et cultures juridiques autochtones : un droit en quête de légitimité , 2016 , p.6.

迅速地瓦解为小农的乡村。"[1] 这同样适用于包括贝宁在内的非洲国家。"小农占优势的乡村形成过程，也是商品经济侵蚀自给自足的公社和公社土地所有制瓦解的过程。"[2] 首先是土地及其相关权利的市场化。随着出口作物以及近代矿业的引入，贝宁土地丧失了其原有的不可分割性、神圣性与共有性，变成了可被交换与私有的商品。非洲空间不断被私有化，被赋予使用价值与交换价值，从而流入市场之中，土地变成了世俗的商品。这意味着要么土地归个人所有，要么归殖民者所有，原有的荒地和公地被侵占、被交易，或者是土地用益权买卖与转让日益常见，而且这些交易通常会得到殖民当局法院的承认。这就如马克思所言："现代商品社会与它之前的社会的对立，是以交换价值为主导的世界与以使用价值为主导的世界的对立。"[3] 其次，贝宁农村社会的阶级分化加剧，贫富差距不断扩大。土地不再被分配给有需要的群体，而是具备大规模开发能力的个人，特别是能够大规模种植出口农作物的群体。"传统的非洲酋长很快意识到，土地已成为财富的来源，并践踏了土地的神圣性。他们匆忙加入了这种个人占有土地的新制度。这加速了传统土地权向殖民者民法的演变。"[4] 这意味着"昔日的

---

① 恩格斯:《反杜林论》,《马克思恩格斯选集》, 人民出版社, 2012, 第 3 卷, 第 273 页。

② 艾周昌:《殖民地时期加纳土地制度的变化》,《西亚非洲》1991 年第 5 期, 第 60 页。

③ Grégoire Madjarian, *L'invention de la propriété, De la terre sacrée à la société marchande*, Paris, Editions Harmattan, 1985, p.149.

④ Abdoulaye Harrisou, *La terre un droit humain*, Paris, Editions Dunod, 2011, p. 92.

酋长和贵族，逐步利用他们的特权，积聚财富，扩大土地占有面积"①。原有较为平等的社会结构逐步演变为地主、富农、自耕农、分成制农民以及农工的阶级关系。②这带来了贝宁社会关系的日益恶化。但是，这并不意味着贝宁将顺利进入资本主义阶段。尽管殖民侵略为贝宁社会带来了具有历史进步作用的资本主义因素，但是，这一切都是用极为沉重的代价获得的。非洲经济开发是为了法国的工业发展，而且导致自身深受宗主国的操纵和世界市场的影响，也就是主要把"他们及其后代置于强制性、不平等的国际分工和世界经济秩序中"③。这意味着非洲传统自给自足的自然经济并没有真正过渡到现代市场经济，非洲土地的商品化反而是这一失败的畸形产物。最后，这一失败的市场化及其管理体制的不连贯的缺陷导致非洲人长期处于土地不安全的恐惧之中。殖民者不断颁布、修改或废除某些土地法令，因此并不存在一个稳定的立法。法律不断变化，新的条款不断增加，如此循环往复。立法机构和标准的多重性导致了土著权利的不确定性，加剧了彼此矛盾主张的产生，从而使得原住民处于恐惧与担忧之中。

---

① 艾周昌：《殖民地时期加纳土地制度的变化》，《西亚非洲》1991 年第 5 期，第 60 页。

② 艾周昌：《殖民地时期加纳土地制度的变化》，《西亚非洲》1991 年第 5 期，第 60—61 页。

③ 郑家馨：《殖民主义史》（非洲卷），北京：北京大学出版社，2000，第 494 页。

第三章　20世纪60年代至80年代末的贝宁土地制度

第二次世界大战后，特别是20世纪60年代，非洲诸国纷纷独立建国。但是，这些国家的独立并不意味着殖民统治时期的法律移植的终结，大部分殖民时期的法国土地法律仍然被新国家保留下来，成为自己国家的法律。各国的宪法都规定：除非与宪法相抵触，否则法律法规仍继续有效直至被修订或废除。[①] 不过，在继承的同时，也废弃了那些有辱国家主权以及带有歧视性和殖民色彩的条款，逐步启动了非洲法的当代化。与此同时，大多数贝宁人并没有结束对其传统习俗的依恋，法国法律并没有适用于所有贝宁领土。殖民时期所形成的土地法律多元化局面是新独立国家需要解决的重要问题。独立之际，贝宁领导人认为这种局面在政治上站不住脚，希望实现贝宁社会法律体系的统一化与现代化。

---

① 何勤华、洪永红：《非洲法律发达史》，北京：法律出版社，2006，第235页。

独立后的贝宁通过立法将殖民规则同传统规则融合或交织在一起，成为独立初期十多年贝宁土地制度的特征。本章将首先分析独立初期的贝宁土地制度立法，主要是通过 1960 年《居住许可证法》以及 1965 年的《土地所有权制度重组法》，这是独立初期的关键性土地法。其次，将论述 1972 年至 20 世纪 90 年代的克雷库政权下的土地制度变迁，在马克思列宁主义的影响下，克雷库试图建立起不同于殖民与传统土地制度的崭新制度。

第一节　独立初期的土地制度立法（1960—1972）

1958 年 12 月 4 日贝宁成立共和国，1960 年 8 月 1 日，达荷美从法兰西共同体独立，被视为"授予的独立"或"谈判的独立"。独立之初，贝宁政府主要关注内部的权力斗争，并未将土地问题视为首要关注问题。但是，贝宁政府仍通过了两项同土地制度有关的规范，对贝宁的土地法律地位产生重大影响。第一个是 1960 年 7 月 13 日通过的第 60-20 号法律，但是由于其在独立之前颁布，因此具备鲜明的殖民地性质，但是仍被视为贝宁国家的法律。直到独立后的第五年，即 1965 年 8 月 14 日，贝宁政府才正式通过独立后第一个关于土地所有权组织的法律，即第 65-25 号法律。

一、独立初期的政治经济状况

与许多非洲国家一样，贝宁于 1960 年 8 月 1 日宣布独立，成立"达荷美共和国"，史称"第一共和国"（1960—1963 年）。休伯特·马加（Hubert Maga）成为这个年轻共和国的第一任总统，并重申了与前殖民国家保持牢固联系的愿望。葡萄牙飞地维达（Ouidah）曾经是奴隶贸易的港口，现在又成为这个新共和国的中心。为了避免达荷美三方主义的有害影响，成立了"达荷美统一党"（Parti dahoméen de l'unité）。11月25日，新宪法获得通过。根据宪法规定，贝宁实行总统制和民主政体。但是，在政治上，"第一共和国"时期的贝宁政局十分动荡，党争不休，加之贪腐盛行；在经济上，政府也无力，导致民众强烈不满，工人罢工、学生罢课不断。这样的社会和政局动荡导致1963年10月28日发生了由克里斯托夫·索格洛（Chiristophe Soglo）上校领导的军事政变。自此，贝宁进入了政治高度不稳定的时期，其中军队一直在贝宁政治中发挥着主导作用。1964年1月新宪法生效后，索格洛暂时将权力移交给文职政府。但是，1965年，作为总统的阿皮蒂与作为总理的阿奥贝德很快便陷入了政治斗争中，领导层内矛盾逐步激化。索格洛在1965年第二次政变后重新掌权，随后主持了一个国家革新委员会，该组织致力于整顿国家的经济和财政。但1967年再次爆发了罢工。同年12月17日，莫里斯·库安德特（Maurice Kouandété）司令推翻了政府，并成立了一个革命委员会，负责监督临时政府的行动，组建宪法委员会并控制前统治者的财产。1968年3月31日批准的新宪法建立了总统制政权。埃米尔·德尔林·津苏（Émile Derlin Zinsou）就任总统，但很快被一场新政变推翻，于1969年12月10日由保罗·埃米尔·德苏扎（Paul Emile de Souza）领导的军事委员会取而代之。由三个传统政党组成的总统委员会于1970年5月7日成立，这是一个允许传统政党三位领导人共存的组织。自 1963 年至 1972 年，军队一直在贝宁国家政治生活中扮演着主角。1972 年马蒂厄·克雷库（Mathieu Kérékou）上台标志着一个新时代的开始，后来逐步转向马克思列宁主义，并尝试对该国进行经济和政治重组。

在经济上，"第一共和国"时期的政府关注的焦点在于权力争夺，而不是对发展问题以及土地问题的关注。与前一时期不同的是，这一时期，关于土地问题的文本并不丰富。达荷美的经济主要是农业，棉花、油棕和花生等农作物在出口中占主导地位。贝宁基础设施十分薄弱，殖民遗留下来的基础设施有限且落后。在财政上，贝宁的预算与发展项目高度依赖来自法国的援助。由于政治高度不稳定，历届政府虽然都试图实施经济发展计划，但是都夭折了。

二、1960 年居住许可证制度

在贝宁独立之初，唯有地契被视为赋予土地完全所有权的法律证明。但是，颁发地契在当时仍是一种极其边缘化的做法。自 1906 年至 1967 年，贝宁国内仅颁发了 1980 份地契。[①] 居住许可证（Permis d'Habiter）是允许一块土地的占有者合法占据该土地上的房屋的官方文书。其中"占有者"（Possesseur）比"所有者"（Propriétaire）更符合实际，因为自殖民时代土地改革举措以来，

---

① Joseph Comby, *La Réforme du droit foncier au Bénin*, Rapport pour le Service d'études régionales, d'habitat et d'aménagement urbain (SERHAU), Cotonou, 1998, p.10.

土地归国家所有，个人仅是占有者。居住许可证是独立后贝宁政府的第一个土地类规范性文件。居住许可证可追溯至1900年，是法国殖民者为了占有贝宁土地的一种策略。这种制度被独立后的贝宁所继承，作为国家对个人名下土地占用权的承认。

（一）1960年的《居住许可证法》的适用范围

根据该法第4条的规定："达荷美的所有公民只需要提供简单的身份证明，即可以获得居住证"①。这一规定赋予了拥有正式且合法身份的贝宁公民获取居住许可证的机会。不过，这部法律的适用范围有着很大的局限性，因为它仍然造成了很多歧视，只是允许极少数人能够获得居住许可证。这与贝宁独立之初的社会经济状况有关。当时，大多数贝宁人都是文盲，并未掌握官方语言法语，也没有机会获取相应的贝宁公民身份证件。公民身份意味着可以参与公共政治生活，特别是能够参加选举与投票。当时的贝宁绝大多数地区都是农村，城市小且有限。但是，当时的居住证法律第1条规定，只有在贝宁所有城市中心拥有土地的人才能获得居住许可证。②据此，居住证仅适用于贝宁少数地区，即位于城市中心的土地才会被考虑在内，并且是那些得到省政府批准的区域分隔规划或开发计划的土地。同时，该法第3条规定，原则上，只有仅用于住宅的土地才能获得居住许可证，并不包括所谓的行

---

① Article 4 de la Loi N° 60-20 du 13 Juillet 1960, fixant le régime des permis d'habiter au Dahomey, Cotonou, Edition Sokemi 2007, p.3.

② Article 1 de la Loi N° 60-20 du 13 Juillet 1960, fixant le régime des permis d'habiter au Dahomey, Cotonou, Edition Sokemi 2007, p.3.

政区、商业区、工业区或高等住宅区，因为这些区域受现有或未来土地或城市规划条例所规定的一般或特殊规则的约束。[①] 法律所列举的居住许可范围内的清单并非详尽无遗，其中包括被称为"侵入的区域"（Zone d'intruse）。据此逻辑，所谓的住宅区问题，即以居住为首要功能的地区，居住许可证法产生了一个混乱的标准或规则的混合体，造成了法律的不连贯性。

其次，居住许可证获得需要特定的条件。根据该法第 19 条规定，"居住许可证的持有者可以获得许可证所涉及土地的全部所有权，条件是该土地已经通过建造建筑物实现充分开发，其中至少一半的开放面积用于住房"[②]。因此，该法律条款成为颁发建筑许可证的主要条件。事实上，法律对任何拥有土地并打算获得居住许可证的人都规定了先决条件。所谓的先决条件即对土地进行充分开发，就表现在至少建造占一半土地面积的建筑物。也就是，任何人申请居住许可证之前，土地占有者必须确保土地被住宅建筑所占用。因此，1960 年 7 月 13 日发布第 60-20 号规定被视为立法者有意限制土地掠夺的一种尝试，但是在实践中，这一规定并没有得到严格遵守。

实际上，获得居住许可证的程序比土地登记程序要宽松得多。从逻辑上讲，鉴于达荷美人的购买力以及希望住上房子，导致对居住许可证的需求迅速增加。因此，贝宁政府收到大量申请。也

---

① Article 3 de la Loi N° 60-20 du 13 Juillet 1960, fixant le régime des permis d'habiter au Dahomey, Cotonou, Edition Sokemi 2007, p.3.

② Article 19 de la Loi N° 60-20 du 13 Juillet 1960, fixant le régime des permis d'habiter au Dahomey, Edition Sokemi 2007, p.5.

就是说，贝宁人认为住房需求是最基本的需求，比对土地的物理占有更为迫切。因此，对居住许可证的诉求远远多于对私人土地所有权法律的诉求，居住许可证的申请数量相当庞大。在现实中，这导致大量贝宁人利用这一法律合法化其土地占有权。此外，得益于 1960 年法律部分条款从未实践，比如收回废弃土地的第 8、9、10 条以及围绕这一程序的条件便是如此。不过，大多数基本停留在占有土地的第一阶段，很少有人真正在土地登记簿上登记所分配的土地。

（二）1960 年法律的不足

尽管居住许可证法带来了诸多便利，一定程度上保障了土地占有权，但是这并不意味着 1960 年《居住许可证法》不存在漏洞。实际上，该法一直存在诸多争议。首先，1960 年《居住许可证法》的适用范围存在不足。该法律的适用地理范围和适用对象都存在诸多限制。也就是说，仅适用于部分群体和地区，不适用于全体贝宁公民。比如分配区域不包括商业区、住宅区、行政区和工业区。而且，该法也不适用于居住区的居民，因此他们不受该法的影响。

这与贝宁的政治独立现实、寻求同殖民规范的决裂以及与时俱进采用适用新时期的要求并不相符。比如，1938 年 3 月 4 日的第 799 号通令的规则，依然是将当地法律作为执行民事与商业事务的法律依据。① 这表明，即使在后殖民时期，法律二元论和规范

---

① 　Article 15 de la Loi N° 60-20 du 13 Juillet 1960, fixant le régime des permis d'habiter au Dahomey, p.3.

多元化的问题并没有随着贝宁独立而消失，依然在发挥着重要作用。这就导致同时存在不同的法律标准。

其次，1960 年第 60-20 号法律本身存在着相互矛盾和冲突的条款。比如根据第 24 条规定，本法自动适用于以前颁发或正在颁发的所有居住许可证。[1]但是，第 26 条又规定本法废除以前所有相抵触的规定，特别是 1955 年 5 月 2 日关于重组法属西非和法属赤道非洲土地和财产所有权的第 55-580 号法令的第 8、9、10 条。[2]因此，我们可以看到第 1 条适用于早于该法律生效前签发的任何居住许可证[3]，但是第 2 条则坚持认为任何违反或早于该法律的规范无效。[4]这种明显的矛盾，导致民众强烈质疑当时立法的严肃性与法律的严谨性。再比如第 11 条第 1 款规定，居住许可证原则只赋予个人、不稳定和可撤销的居住权，但是须遵守本法第三章的规定。[5]该法第 16 条第 1 款规定，根据本法第三章的规定，居住许可证可以作为达荷美国家信贷银行为土地开发提供贷款的抵

① Article 24 de la Loi N° 60-20 du 13 Juillet 1960, fixant le régime des permis d'habiter au Dahomey, p.4.

② Article 26 de la Loi N° 60-20 du 13 Juillet 1960, fixant le régime des permis d'habiter au Dahomey, p.4.

③ Article 1 de la Loi N° 60-20 du 13 Juillet 1960, fixant le régime des permis d'habiter au Dahomey, p.1.

④ Article 2 de la Loi N° 60-20 du 13 Juillet 1960, fixant le régime des permis d'habiter au Dahomey, p.1.

⑤ Article 11 alinéa 1er de la Loi N° 60-20 du 13 Juillet 1960, fixant le régime des permis d'habiter au Dahomey, p.2.

押。^① 这两处内容明显不一致。也就是说，如果居住许可证持有者对其土地占有权是不稳定的，随时可以被政府收回的话，那么法律所允许的将其作为抵押物获取贷款同样是不稳定的。一旦持有者丧失其房产的占有权，就意味着他无法偿还贷款。因此，这项规定对任何持有居住许可证并打算以房产作为抵押物获取贷款的人都存在风险。

同时，立法者实际上混淆了质押与抵押这两个概念。1960 年《居住许可证法》第 16 条第 1 款提到质押（Gage）时，提到了不动产。^② 实际上，质押是指债务人或第三人将其动产或权利移交给债权人占有，将动产或权利作为债权的担保，当债务人不履行债务时，债权人有权依法就该动产卖得价金取得优先受偿权。^③ 而抵押则指债务人或第三人不转移法律规定的可做抵押的财产的占有，将该财产作为债权的担保，当债务人有权依法就抵押物卖得价金进行优先受偿。不动产不得用于质押，只能进行抵押。但是，根据 1964 年 12 月 2 日颁布的第 64-276 号关于落实贝宁居住许可证的法律，出现了模糊和不一致的地方。其中第 8、17、18 条规定：第一，该法第 16 条规定的质押必须是经认证的契约或登记的私人

---

① Article 16 alinéa 1er de la Loi N° 60-20 du 13 Juillet 1960, fixant le régime des permis d'habiter au Dahomey, p.3.

② Article 16 alinéa 1 de la Loi N° 60-20 du 13 Juillet 1960, fixant le régime des permis d'habiter au Dahomey, p.3.

③ Décret N° 64-276 P.C./M.F.A.E.P./E.D.T. du 2 décembre 1964, fixant le régime des permis d'habiter au Dahomey, article 8, p.2.

契约，或者来自判决书或司法行为①；第二，以许可持有人为名，由贷款机构根据与借款人事先商定的条件，提交开发和分配所有权的声明申请②；第三，在上一条提到的情况下，贷款机构可以进行干预，同意解除先前登记的质押，将其转变为拥有地块所有权的抵押物。这将居住许可证作为质押物加以描述，是不严谨或错误的。第四，从行政部门的视角来看，居住证的印刷表格一般不会在其可见的一面提及其临时性、不稳定性和可撤销性。这是为了让持有居住许可证者放心。上述居住许可证的诸多特征导致其成为一种"伪财产权"，一种"打折的土地权"③。

三、1965 年《土地所有权制度重组法》

在贝宁独立五年之后，新的有关土地管理的规范出台。1965 年8 月 14 日，贝宁通过了第 65-25 号法案的《土地所有权制度重组法》（ *Loi Nº65-25 portant organisation du régime de la propriété foncière au Dahomey* ）。自 1932 年颁布法令以来，土地私有化进程一直在进行，尽管一直遭到当地人的抵制，但为了继续推行这一政策，贝宁政府起草了新的法律。但是，这部翘首以盼的法律很快变成

---

① Décret N° 64-276 P.C./M.F.A.E.P./E.D.T. du 2 décembre 1964, fixant le régime des permis d'habiter au Dahomey , article 8, p.2.

② Décret N° 64-276 P.C./M.F.A.E.P./E.D.T. du 2 décembre 1964, fixant le régime des permis d'habiter au Dahomey , article 17, p.3.

③ Joseph Comby, *La Réforme du droit foncier au Bénin*, Rapport pour le Service d'études régionales, d'habitat et d'aménagement urbain (SERHAU), Cotonou, 1998, p.13.

了一纸空文。因为大多数贝宁人仍然坚持自己的传统习俗，拒绝接受新的土地所有权规定。第 65-25 号法案实际上同包括贝宁在内的非洲传统的土地习俗完全相反，它强化了自殖民时代以来的土地私有趋势，正好同 1932 年 7 月 26 日法属殖民地政府的土地制度一样，旨在肯定自殖民时代以来土地资本化与去人性化的趋势，也就是肯定土地永久所有权的制度。

（一）出台背景

独立四年后的贝宁仍未能确立起完备有效的土地制度。现有的土地法既不完整，也不一致。因此，需要一部全新的土地法律来填补空白并纠正不一致的情况。一方面，独立后的贝宁政府无法对私人占有土地问题保持漠不关心的态度。另一方面，贝宁立法者未曾采取重要法律举措来修订殖民时期所制定的法律，特别是未采取任何基于贝宁自身实际情况的创造性理念来进行修订。1965 年 8 月 14 日通过的第 65-25 号法案实际上同法国《民法典》的土地概念保持了相同的思路与逻辑，也就是整体上再次呈现了西方土地所有权的结构与理念，但也包括了合法化习惯法的种子。殖民地立法者为了让当地人遵守其改革和重组殖民地土地使用权制度的法律，在各种法规中引入了认为不违背西方土地观念的习惯规范。独立之后，贝宁政府 1965 年 8 月 14 日颁布的第 65-25 号法案也属于同样的路数。这意味着殖民时期的传统规范与殖民规范的融合、混淆、区分与分离再次在贝宁出现，并成为其土地制度的长期特征。

（二）1965 年土地法的主要内容

1965 年土地法旨在规范贝宁土地所有权。它由 185 条组成，分为四编：第一编为土地制度的组成与已登记不动产适用法律（第 1 条至第 83 条），共两章，包括制度的目的、保护不动产的目的、职能、地契与相关文件，物权、强制征用、时效以及使用权的巩固与处置权的承认（第 19 条至第 83 条）；第二编为土地制度的运行（第 84 条至第 164 条），包括登记程序与登记的手续，物权公示，包括注册格式和地契的组合与拆分，加强土地注册；第三编为档案馆的责任以及各种处罚（第 168 条至第 183 条）；第四编为一般规定（第 184 条至第 185 条）。[①]

第一章第二节"使用权的巩固和承认处置权"的通过意味着贝宁土地制度的二元性特征。第 83 条规定："在共和国领土上，居民对土地的保有权不具备私人所有权的所有特征，一个或多个土地所有者通过登记程序确定不存在与他们援引的权利相对抗的权利事实，无论上述程序的结果如何，都具有巩固使用权并赋予其根据现行法律承认的所有者处置权的效力。"[②] 这表明同一部法律以两种不同的方式属于同一个国家。因此，1965 年法律规定并确认了习惯法下的土地权利。

---

① Loi N°65-25 du 14 Aout 1965 portant organisation du régime de la propriété foncière au Dahomey, pp.1-38.

② Article 84 de la Loi N°65-25 du 14 Aout 1965 portant organisation du régime de la propriété foncière au Dahomey, p.16.

（三）1965 年法律的评价

首先，1965 年《土地所有权制度重组法》是一部混合法，既不是完整意义上的西方现代法，也不是本土意义上的习惯法。从贝宁来看，这是由于贝宁立法者缺乏主动性，即缺乏真正寻求建立适合贝宁实际国情的法律体系的动力与意愿。当然，这也与国家本身的能力有限有密切关系。更何况当时大多数贝宁公民对政府立法并不关心，尽管涉及其土地权益。所以，1965 年土地法更多是立法者自身一厢情愿的产物，而没有考虑到广大民众的诉求。尽管第 184 条第 1 款废除了 1932 年关于重组土地所有权制度的法令，但是它没有任何真正的创新，实际上只能算是 1932 年法律的简单翻版，或者后殖民替代品。[1] 该法律的通过意味着贝宁在国内立法中正式引入或承认了贝宁土地二元论的规范，这对该国的土地管理与控制产生长期影响。[2] 需要指出的是，尽管承认了习惯法，但是贝宁政府并没有就习惯法的概念与内涵给予明确的法律界定。

---

[1] Lazare Comlanvi Crinot, *Maitrise et appropriation du sol en République Populaire du Bénin: Contribution à l'étude du droit de la propriété foncière dans un pays en voie de développement*, Thése de doctorat, Université d'Orléans, 1986, p. 136.

[2] Lazare Comlanvi Crinot, *Maitrise et appropriation du sol en République Populaire du Bénin: Contribution à l'étude du droit de la propriété foncière dans un pays en voie de développement*, Thése de doctorat, Université d'Orléans, 1986, p. 137.

其次，这是一部强化土地私有财产的法律。[1]贝宁立法者继续沿着法国殖民者所确立的强化个人私有财产，减少乃至废除集体财产的道路不断前进。习惯法的集体所有制并没有被承认。1965年法律更适合土地私有化。原来的贝宁传统习俗受到否定。与此同时，1965年法律再次肯定了土地登记后的权利，强调土地登记是唯一获得完全所有权的途径，因为1960年《居住许可证法》的临时性、不稳定性和可撤销性等特征。自此，所有者概念开始取代占有者概念。根据登记制度，一旦共有土地不再属于集体所有，社区就会失去对这些土地的所有权利。现在需要指定一名管理人，以其名义进行登记。集体权利被取消，转归个人所有。

第二节 "贝宁革命"时期土地制度（1972—1990）

达荷美共和国的政治权力更迭频繁，这对贝宁的社会经济与政治生活产生了重大影响。因政变频繁而形成"三头治理制度"（Luttes de Triangle），因此贝宁一直处于不稳定国家之列，也使其

---

[1] Lazare Comlanvi Crinot, *Maitrise et appropriation du sol en République Populaire du Bénin: Contribution à l'étude du droit de la propriété foncière dans un pays en voie de développement*, Thése de doctorat, Université d'Orléans, 1986, p. 139.

被称为"非洲病童"（l'enfant malade de l'Afrique）^①。这种频繁的政变并不利于发展问题的连贯性规划及其实施，因此，土地问题长期没有得到解决。而且，频繁政变也导致立法与法律的高度不稳定，法律的不连贯性与不一致性难以得到真正的解决。

一、贝宁革命政府的建立

1972年10月，克雷库上校发动政变，建立了革命政权，开启了贝宁政治生活的新时期。贝宁革命政府的建立为贝宁土地制度变革提供了政治前提。贝宁革命呈现出阶段性特征，逐步从激进的民族主义政权转向社会主义政权。

（一）贝宁革命政府的三个阶段

由于文官政府的无能，军人最终走到了贝宁政治的前台。1972年10月26日，以副总参谋长克雷库少校为首的一批少壮派军官发动军事政变，宣布军队推翻总统委员会的文官政府，并接管政权。当晚，克雷库宣布由年轻军官和军士组成"全国革命军事委员会"，其职责在于制定国家发展方向、监督政府施政以及仲裁严重分歧。贝宁进入"强人政治"的时代。这次政变不仅改变了贝宁政治发展进程与方向，而且也对贝宁的社会经济产生了重大影响。贝宁革命

---

① Ce surnom fut celui du Dahomey à la suite d'un certain nombre d'évènement: les putschs militaires. C'est une instabilité politique qui dura pendant douze années, de l'indépendance jusqu'à 1970. Elle eu pour point de départ le premier coup d'état, celui du colonel Christophe Soglo en 1963 , à peine trois années après l'indépendance.

历经三个阶段，即 1972 年至 1974 年的民族主义主导时期、1974 年至 1982 年的社会主义主导时期以及 1982 年至 1990 年由盛转衰的逐步实用主义时期。

第一，民族主义阶段（1972 年至 1974 年）。1972 年 11 月 30 日，克雷库政权启动了"国家重建和民族独立计划"（即民族建国施政纲领）后，新政权逐步转向社会主义道路。在该文献中，克雷库政权将贝宁的落后归咎于"外国人的统治"，并认为这种统治带来的是政治压迫、经济剥削、文化异化和地区、部族矛盾的增加。① 因此，克雷库政权提出"新的民族独立政策"，并且要在贝宁建立一个"人人都过上舒适生活的新社会"。但是，到此，克雷库政权并没有明确提到国有化和社会主义道路问题，但有关的经济政策都体现着这些方向。

第二，社会主义主导阶段（1974 年至 1982 年）。1974 年 11 月 30 日，克雷库在阿波美发表了《阿波美宣言》，其核心在于确立马克思列宁主义在贝宁国家的"指导思想"地位，并明确了贝宁式社会主义发展方向。② 1975 年 11 月 30 日宣布成立贝宁人民革命党（Parti de la révolution du Peuple du Bénin）。1977 年 8 月 26 日颁布"根本法"。贝宁军人统治集团选择社会主义发展道路源自以下几个方面：（1）稳定政局与巩固政权的需求。面对法国的敌视与国内亲法右翼的抵抗、军政府内部派系权力斗争以及严重的经济困难，走社会主义道路，依靠大众反抗内外反动势力变得不可

---

① 张宏明：《列国志·贝宁》，北京：社会科学文献出版社，2004，第 74 页。

② 张宏明：《列国志·贝宁》，北京：社会科学文献出版社，2004，第 75 页。

或缺；（2）激进知识青年的积极推动。1972年克雷库的民族建国纲领便是由青年知识分子起草，并且深得克雷库的信任，逐步成为克雷库政权中的决策人物，最后成功促使克雷库选择"社会主义"。（3）国际社会主义的示范作用。这受到了苏联、中国以及非洲国家几内亚的影响。除此以外，克雷库本人的思想基础以及倾向性也是促使其选择社会主义的重要因素。克雷库是法国培养的军人，但也是激进的民族主义者，拥有强烈的爱国精神与改变贝宁历史的使命感。

第三，实用主义阶段（1982年至1990年）。自20世纪80年代以来，贝宁财政经济形势日趋恶化。80年代后期，贝宁国民经济趋于崩溃，只能靠外援度日。旷日持久的经济危机是导致克雷库政权由盛转衰的关键所在。截至1989年，贝宁累计拖欠国家贷款620多亿非洲法郎。银行管理混乱、官员贪污挪用、商人与银行职员沆瀣一气，长期借贷不还，导致银行系统瘫痪，进而导致银行信誉丧失，财政收入逐步枯竭。由于经济危机的影响，贝宁的政局趋于动荡不安，自1985年起运动不断，后来军营也生出波澜。

（二）贝宁的社会主义模式

1974年11月30日，克雷库在阿波美发表了《阿波美宣言》，其核心在于确立马克思列宁主义在贝宁的指导思想地位，并明确了贝宁式社会主义发展方向。[①]具体而言，该模式包括军事上的

---

① 张宏明：《列国志·贝宁》，北京：社会科学文献出版社，2004，第75页。

反击右翼势力、政治上的人民民主建设、经济上的国有化等方面。第一，在军事上，反击国内外右翼势力的入侵。由于国内右翼势力的反对和军人统治集团内部矛盾的激化，克雷库政权面临多次政变、叛乱和暗杀等事件，比如1973年"二月政变"、70年代后半段相继爆发了"阿索巴叛乱""阿克贝事件""津苏暗杀案"以及"雇佣军入侵事件"等。克雷库政权经受住了这些考验与挑战，赢得了最终胜利。反击"雇佣军入侵事件"的成功使其国内威望大增。第二，在政治上，克雷库加强政权建设。首先，在1975年11月30日，宣布成立贝宁人民革命党，并成为贝宁全国人民和革命的领导核心。克雷库也明确强调其集中统一领导的制度。同时，克雷库极为重视阶级斗争及人民群众的历史作用。其次，吸收文官加入内阁，改善军政府的形象。最后，倡导民族团结，反对封建主义。在经济上，首先，主张寻求推翻帝国主义在贝宁的经济统治；其次，寻求国家控制主要经济部门，消灭封建主义势力，进行土地改革，组织农业合作社；最后，实行生产资料的社会化，建立社会主义的生产关系和物质基础。

　　但是，克雷库的社会主义政策面临着诸多挑战。一方面，源自贝宁人民革命党政权自身的政治堕落与政策失误，而且也受到外部环境变化的影响，特别是东欧剧变的影响。另一方面，内部因素占据更重要的地位。克雷库的政策严重脱离贝宁的社会实际，盲目照抄照搬社会主义发展模式。政治上过于形式主义，不切实际。经济上采取了一系列过激政策，特别是过早、过广地推行国有化政策，引起了国民经济混乱和经济大衰退：国有化的结果不仅沉重打击了外国资本家和商人，也严重挫伤了贝宁的工商业发展。

二、革命政府的土地制度改革

贝宁革命政权着重于政治、行政与意识形态方面的改革，最初一批发展政策并没有涉及土地问题。因此，贝宁的土地制度改革在贝宁革命之中并不占据最核心的位置。但是，这并不意味着克雷库政权没有制定有关的土地制度改革。"建设社会主义的第四项原则同土地所有权密切相关。"[①] 克雷库政权通过一系列措施对土地问题进行了一定程度的改革，"激进的土地改革为农业中引入非资本主义生产关系铺平了道路，随后是社会主义生产关系的引入"[②]。总体而言，克雷库政权采取了三个重要举措对贝宁的土地进行改革。

（一）1976 年全国特别代表大会的讲话

1976 年 5 月，在贝宁人民革命党的首次全国特别代表大会上，克雷库在讲话中的 A 部分第 3 段提到："除其他外，要建造行政大楼和廉价住房。"[③] 该项政策的重点在于解决住房问题，并没有直接

①　GENNE Marcelle , La tentation du socialisme au Bénin , Institut québécois des hautes études internationales , p.19.

②　BETTELHEIM Charles, CHARRIERE Jacques, MARCHISIO Hélène , La construction du socialisme en Chine, Paris, Maspéro, 1972 , cité par GENNE Marcelle , La tentation du socialisme au Bénin , Institut québécois des hautes études internationales , p.19.

③　CRINOT Lazare Comlanvi, Maitrise et appropriation du sol en République Populaire du Bénin: Contribution à l'étude du droit de la propriété foncière dans un pays en voie de développement ,op.cit. , pp.161-162.

触及土地本身。因为当时革命政府更加关心并致力于解决住房和居住问题。当时，贝宁人民革命党提出了一系列口号。克雷库建议成立专门的政治技术委员会，负责贝宁的住房政策的具体安排以及这一政策的实际推行。[①] 同时，大会还要求公共工程部长组织专门会议，研究各阶层对住房问题的认知，并向上级提出解决问题的方案，而且这些方案必须确保能得到各领域群众的支持。

因此，我们可以发现，此时革命政府将住房问题置于土地管理问题之前。但是，住房问题能否得到解决，取决于土地使用权制度的重组是否实现。

（二）1977 年国家土地计划

1977 年 9 月 26 日，克雷库政权通过了第 77-55 号法令，其中包含一项国家土地管理计划，为期三年时间。该计划并不是立法规范，而是一项政治举措。关于该国家土地管理计划，主要可以从以下三个方面进行分析：首先，明确界定贝宁人民的社会需求的性质、数量以及质量；其次，科学清查了贝宁国家现有的自然资源、人力资源和生产资料；最后，严格界定合理利用贝宁现有资源和生产资料的方法。但是，该计划仅以较为笼统的方式提出了土地资源的管理问题，仅规定"严格确定合理使用这些资源和生产

---

① CRINOT Lazare Comlanvi, Maitrise et appropriation du sol en République Populaire du Bénin: Contribution à l'étude du droit de la propriété foncière dans un pays en voie de développement ,op.cit., p.162.

资料的所有方式"[①]。

总而言之，该计划关注的问题与土地问题关系不大。该计划并不特别关注土地的根本性问题。但是由于土地提供了贝宁 90% 的出口产品，并为国家赚取了大部分外汇收入。[②] 因此提到了土地管理问题，但未曾深入探讨。而且，提出的解决方案也并不充分，未能走出自殖民化以来的二元性土地制度的困境。

另外，在农村地区，革命政府曾经宣布要将农民组织起来成立农民合作社。但是，这一举措并没有得到农民的支持，因为，政府打算通过建立合作社改变生产结构，来推动农村土地改革，还希望通过强制手段要求在粮食产区生产棉花或油棕榈树等出口作物。我们可以发现革命政权并未真正触及土地制度问题，而是将土地作为一种生产资料。但是，这些举措很快遭到了农民直接或间接的抵制。

（三）1982 年国家住房政策研讨会

1982 年 12 月 13 日至 17 日，贝宁在国家社会经济培训学院 （Institut national de formation sociale et économique）召开了有关贝宁国家住房政策的研讨会（Le séminaire sur la politique nationale de

---

① CRINOT Lazare Comlanvi, Maitrise et appropriation du sol en République Populaire du Bénin: Contribution à l'étude du droit de la propriété foncière dans un pays en voie de développement ,op.cit., p.163.

② CRINOT Lazare Comlanvi, Maitrise et appropriation du sol en République Populaire du Bénin: Contribution à l'étude du droit de la propriété foncière dans un pays en voie de développement ,op.cit. , p.164.

l'habitat et du logement），这是 1976 年所开启政策的延续，依然是为住房与居住政策提供借鉴。但是，该研讨会也讨论了当时贝宁土地管理中存在的问题，并仔细研究了当时贝宁的各种土地制度。为此，贝宁政府成立多个委员会来负责这一事务。根据这些委员会的职权来看，最重要的是专门研究了贝宁不同的土地制度，以及如何实施更好的土地政策所需要的手段。革命政府提出解决土地制度二元化问题的根本办法，即采用单一土地制度。委员会认为"修订现行法律条文和制定土地政策法是最根本的"①。同时，这个单一的良好的土地政策，必须建立在符合贝宁社会经济与文化基础之上，而不是从别的地方照抄照搬来的。

三、1977 年贝宁《基本法》

尽管贝宁革命政府未曾出台专门针对土地制度的法律与政策，但是贝宁 1977 年的《基本法》（*Loi Fondamentale de la République Populaire du Bénin*）却对贝宁土地制度产生了重要影响。不过，这是从《基本法》关于财产保护原则的一般意义来分析贝宁革命时期的土地制度安排。

（一）土地的人民集体所有制

革命政府创造了新的土地制度概念。以土地合作社的形式向

---

① CRINOT Lazare Comlanvi, Maitrise et appropriation du sol en République Populaire du Bénin: Contribution à l'étude du droit de la propriété foncière dans un pays en voie de développement ,op.cit. , p.163.

殖民之前的非洲土地制度回归，这种形式体现了某种程度的原始村社共产主义属性。克雷库政府不仅将土地酋长和其他知名人士排除在土地管理之外，还试图消除习惯法的影响。即寻求在不依靠习惯法框架之下，如何确保土地是既属于国家也属于人民的共同资产。

第一，通过宪法条款进行土地归国家与人民所有的界定。根据《基本法》第 19 条第 1 款规定"国家财产是全体人民的财产"[①]。因此，土地首先属于国家，进而属于人民。国家是土地的合法管理者。只有实行中央集权制，国家才能对土地享有垄断权，而不论土地所属人民或社会中每个人的种族、部族或社会文化归属。

第二，第 19 条同样规定："矿产资源、水和森林、未开垦的土地以及法律宣布为国家财产的其他自然资源是全体人民的财产。"[②]因此，土地以上及以下的一切也归属于国家。但是，这种观点对传统土地所有观念构成了挑战，因为从传统来看，土地属于他们的祖先，只是借给他们使用。其中，关于未开垦土地所属问题与以往的土地法律构成规范冲突。所谓的未开垦土地是没有人居住或从事其他人类活动的土地，即未开发的土地。但是，根据 1960 年法律和 1965 年法律，已注册登记的土地无论是否进行开发，都拥有无可置疑的权利，除非采取相应的征用程序。因此，土地属于国家和全体人民并不适用于所有贝宁土地。

---

① Secrétariat Général du gouvernement, Loi Fondamentale de la République Populaire du Bénin, article 19 alinéa 1, Service de archives 1977, p.8.

② Secrétariat Général du gouvernement, Loi Fondamentale de la République Populaire du Bénin, article 19 alinéa 2, op.cit., p.8.

（二）承认多种形式的私有财产权

根据 1977 年新宪法第 18 条，贝宁主要存在国有产权（La propriété d'État）、合作产权（La propriété des coopératives）、个体劳动者产权（La propriété des travailleurs individuels）、贝宁全民产权（La propriété des nationaux béninois）和外国人产权（La propriété des étrangers）五种类型。[①] 因此，这意味着贝宁新宪法承认多种形式的所有权，并对贝宁国内不同的所有权形式做了区分。其中私有财产权包括个人私有财产权（La propriété privée individuelle）、集体私有财产权（La propriété privée collective）以及外国私有财产权（La propriété foncière des étrangers）。

首先，个人私有财产权的承认来自贝宁《基本法》第 21 条、第 22 条和第 26 条规定。贝宁土地法并没有提到这个问题。不过，个人所有权却在贝宁革命政府的国家土地计划中有所提及。具体而言，第 21 条第 1 款规定："农民个人对其开发的土地和其他生产资料享有所有权。"[②] 这表明，国家只承认农民个人对其开发的土地的所有权。这意味着，如果农民拥有土地却不用于农业生产，国家便不再赋予农民对该土地的权利。正如前面所提及国家不承认

[①] Secrétariat Général du gouvernement, Loi Fondamentale de la République Populaire du Bénin, article 18, op.cit. , p.8.

[②] Lazare Comlanvi Crinot, *Maitrise et appropriation du sol en République Populaire du Bénin: Contribution à l'étude du droit de la propriété foncière dans un pays en voie de développement* ,op.cit., p.170.

农民对其未实际开发土地的所有权。

其次，集体私有财产权。根据《宪法》第 25 条规定："宪法保障全体劳动者均享有该种财产权，无论是否以合作社形式存在。"[①]贝宁承认此种制度旨在推动贝宁经济的增长。因为该制度能为农民创造出大面积的土地以发展经济。但是，这种归农业合作社或农民组织所有的土地，同殖民时期的土地既存在差异也存在共性。这种类似的形式，实际上既鼓励个人利益，也促使传统纽带逐渐解体。同时，第 20 条规定体现了传统法律中土地集体主义倾向。根据该条款规定："合作社的所有权归属于加入经济合作社的全体劳动者。"[②] 这表明国家成立土地合作社意在推动经济发展。这种土地合作社并不是传统的小型家庭农场，因为其目的在于大面积耕种。第 25 条第 2 款也强调只有有利于促进经济发展的集体财产才会被国家所承认，即"国家禁止任何利用私有财产扰乱国家经济生活、破坏经济独立或阻碍国家计划的实施的行为"[③]。

最后，承认外国人的私有财产权。《宪法》第 18 条和第 24 条均规定保护外国人的土地财产所有权。所谓的外国人，宪法将其界定为所有外国人，不论其是否属于法国等前宗主国的侨民。因此，在贝宁，外国人或本地人均享有土地权，而且外国人的土地

---

①　Secrétariat Général du gouvernement, Loi Fondamentale de la République Populaire du Bénin, article 25, op.cit., p.9.

②　Secrétariat Général du gouvernement, Loi Fondamentale de la République Populaire du Bénin, article 20, op.cit., p.8.

③　Secrétariat Général du gouvernement, Loi Fondamentale de la République Populaire du Bénin, article 25 alinéa 2, op.cit., p.9.

所有权也得到国家承认与保障。但是，这种保障与承认是有条件限制的。第 24 条规定："只要外国人的活动和财产有利于国家经济和贝宁人民的利益，国家就予以承认和保护。"[1] 因此，"对国家经济有益"和"符合贝宁人民的利益"是承认和保护外国人财产的关键。因此，我们发现，外国人与贝宁人处于同等地位，即贝宁国民和外国人都要开发土地，即以促进经济发展为导向来使用土地。此外，关于符合贝宁人民的利益这一点也符合贝宁的 1960 年居住许可证制度。但是，关于如何衡量外国人所有土地对国家经济和贝宁人民所产生的效益与利益，并没有具体准确的衡量办法。因此，这意味着对外国人持有土地的效益与利益的评估取决于国家自身。

（三）贝宁对土地所有权的保护

1977 年《基本法》不仅规定保护集体和个人财产，还规定保护国民所有和外国人所有财产。

首先，保护个人和集体财产。1977 年宪法第 21 条和第 22 条对此做了规定。第 21 条第 2 款规定："国家依法保护农民个人的权利，推动农村农业技术的革命化，积极帮助农民发展生产，鼓励农民按照自由同意的原则逐步组织各种类型的合作社。"[2] 同时，第 22 条第 2 款规定："国家依法保护手工业者和其他个体劳动者的权

---

[1]　Secrétariat Général du gouvernement, Loi Fondamentale de la République Populaire du Bénin, article 24, op.cit., p.9.

[2]　Secrétariat Général du gouvernement, Loi Fondamentale de la République Populaire du Bénin, article 21 alinéa 2, op.cit., p.8.

利，积极帮助他们提高技术水平，鼓励他们按照自由同意的原则逐步组织各种类型的合作社。"① 根据上述条款规定，只有个体私有土地产权才受到该法律的保护。这意味着，国家承认、保护和维护私人占有的场所，如住房等。根据《宪法》第 26 条，"国家保护公民的合法工作收入、储蓄、住房和其他生存手段的权利"②。与此同时，集体财产也得到国家的保护。《宪法》第 25 条规定："国家财产和集体财产不受侵犯。国家禁止任何利用私有产权扰乱国家经济生活、破坏经济独立或阻碍国家计划实施的行为。"③ 由于农业合作社是革命政府的经济发展计划的产物，因此，此类型的集体土地得到国家的保护。此外，所谓的国家财产指所有未曾登记的土地。

其次，保护国民和外国人的财产。1977 年宪法对此做了规定。第一，第 23 条第 1 款规定："国家承认贝宁国民有权拥有生产资料和其他财产。"④ 第 2 款则规定："国家应该从法律上保护贝宁国民这一权利，并督促他们将其活动引向国家利益和人民福祉的方向，以便他们有效参与铲除帝国主义在贝宁人民共和国的经济基

---

① Secrétariat Général du gouvernement, Loi Fondamentale de la République Populaire du Bénin, article 22 alinéa 2, op.cit., p.8.

② Secrétariat Général du gouvernement, Loi Fondamentale de la République Populaire du Bénin, article 26, op.cit., p.9.

③ Secrétariat Général du gouvernement, Loi Fondamentale de la République Populaire du Bénin, article 25, op.cit., p.9.

④ Secrétariat Général du gouvernement, Loi Fondamentale de la République Populaire du Bénin, article 23 alinéa 1, op.cit., p.8.

础,并为建设独立的国民经济做贡献。"[1] 因此,生活在贝宁领土上并拥有土地的贝宁人都有权不受任何歧视地保护自己的财产。但是,这种保护是不是完整的,仍然存疑。因为长期以来,只有得到开发才能成为占有和拥有土地的先决条件。但是,上述条款并未做进一步明确规定。所以,无法假定所有贝宁国民的土地产权都无条件受到宪法保护。第二,1977年宪法保护外国人财产。第24条规定:"国家承认并保护外国人的活动和财产,只要这些活动和财产有利于国家经济和贝宁人民的利益。"[2] 可以发现,外国人的财产权得到保护也有其限定性条件,即对其财产的开发应对贝宁经济有益以及符合贝宁人民的利益。此外,1977年宪法第25条和第19条第1款也提及保护外国人的财产。

（四）国民革命议会的作用

除了政府之外,贝宁人民共和国议会有能力和权限干预土地问题。这源自1977年宪法多个条款的规定。贝宁国民革命议会（l'Assemblée Nationale Révolutionnaire）拥有立法权来介入土地问题。1977年宪法第三章专门论述了国民革命议会的作用和运行。根据第30条和第31条,"国民革命议会是贝宁人民共和国最高权力机关",并且,"国民革命议会是贝宁人民共和国唯一立法

---

[1]　Secrétariat Général du gouvernement, Loi Fondamentale de la République Populaire du Bénin, article 23 alinéa 2, op.cit., p.9.

[2]　Secrétariat Général du gouvernement, Loi Fondamentale de la République Populaire du Bénin, article 24, op.cit., p.9.

机构"[①]。该机构是将革命政府政策法律化的主要机关，有权根据其常设委员会的要求或人民委员会三分之二的表决，举行特别会议，通常是每年举行两次常务会议。国民革命议会拥有通过或修改《基本法》及其他法律的权力。国民革命议会通过法律要求绝对多数同意。国民革命议会在革命政府提出的国家土地计划方面扮演了关键性角色，即通过立法将未开垦的土地划归国家所有。自1977年9月9日以来，只有立法机构有权宣布土地归国家所有，但不是简单宣布为公共事业，是真正归国家所有。不过，在实践中，只有未登记的土地才能应用这一程序，已注册土地所有者享有不可撤销的权利。此类财产的征用则遵循相应的法律征用程序。根据1977年宪法第28条规定："国家可根据法律规定，在必要情况下和出于公共利益的原因，征用、征收、授权购买或接管城市和农村地区的土地、财产和其他生产资料。如果条件需要，应给予补偿。"[②] 整体而言，国民革命议会的土地立法并未偏离原有的政策，仍然维持了此前的土地制度二元状态。

---

① Secrétariat Général du gouvernement, Loi Fondamentale de la République Populaire du Bénin, article 30, op.cit., p.9.

② Secrétariat Général du gouvernement, Loi Fondamentale de la République Populaire du Bénin, article 28, op.cit., p.9.

第四章　20世纪90年代以来的土地制度

　　冷战结束后，贝宁社会、经济、政治等方面发生了重大变化。1990年2月19日至28日，贝宁召开了"全国有生力量会议"（Conférence Nationale des Forces Vives de la Nation），改国名为贝宁共和国。有生力量会议选择了多党制，随后通过的1990年的宪法正式确认了多党制。随着一党制的结束和多党制的引入，贝宁迎来了一个新的时期。贝宁"正在经历其历史上最具决定性的物质、经济和社会变革"[1]。这些变革是内因和外因共同作用的结果，尤其与快速的人口增长、民主化、城市化和经济全球化有关。[2]鉴于贝宁土地制度的历史特点，尽管已经采取了立法措施，但贝宁始终难以找到真正适合自己发展的土地法。自独立以来，由于贝宁土地制度的二元性以及支离破碎、缺乏凝聚力的法律体系，贝

---

　　[1]　Volker Stamm, *Structures et politiques foncières en Afrique de l'Ouest*, Paris, L'Harmattan, 1998, p.9.

　　[2]　Volker Stamm, *Structures et politiques foncières en Afrique de l'Ouest*, Paris, L'Harmattan, 1998, p.9.

宁同其他非洲国家一样，不得不继续在背弃传统制度和给予传统制度合法性之间来回摇摆，始终难以做出真正的选择，或者至少很难推行一项完全符合人民意愿的土地政策。自 20 世纪 90 年代起，贝宁着手从城市与农村两个维度开启对贝宁土地制度进行一系列的改革，通过大力修订各种法律，遏制土地冲突，保护土地所有者的权益，试图建立起较为统一、完备的土地制度。本章首先介绍贝宁在城市地区开展的集体登记运动以及城市土地登记系统的改革。其次，将分析焦点转入农村地区的土地改革计划，贝宁农村地区历经两种不同范式主导下的改革，其中 2007 年贝宁历史上首部真正意义上的农村土地法作为第一种农村地区改革范式的产物是第三节的分析核心。

第一节 城市土地改革

城市土地使用权改革意在确保市民所拥有的土地权利。自独立以来，贝宁在城市实施了不同的土地制度，比如经登记在册而颁布的地契，以及根据 1964 年法律所颁布的居住许可证。虽然明晰确定的产权并不必然带来经济的发展，但是财富增值与安全的土地市场的出现仍然与土地产权的稳定有着密切关系。为了确保财产权和改善土地保有权的法律框架，贝宁政府在 20 世纪 90 年代启动了居住许可证向地契转型行动（La transformation des Permis d'habiter en Titre Foncier）以及 "城市注册系统"（Le registre foncier urbain）的市政管理工具改革。

一、居住许可证向地契转型行动

为了能够使贝宁民众更加安全地享有自己的土地，并将其转化为可销售的资产，贝宁政府在国际捐助者的支持下发起了一场将"居住许可证"转变为"地契"的大规模运动。但是，该项行动的实施效果并不理想。

（一）大规模土地登记运动的背景

土地使用权无保障意味着人们在使用土地时始终缺乏必要的安全感，这导致人民面临多种与土地相关的纠纷以及土地交易的不确定性。从根本上来看，这种不确定与不安全，源自多种类型的土地制度并存。为了纠正此类情况，贝宁政府致力于推进地契的大范围普及。因为在贝宁法律中，地契意味着完全所有权，可以让持有者获得银行信贷，从而进行投资。

首先，习惯法土地制度下的大量土地是属于缺乏所有权的社区。在习惯法土地制度之下，这些土地的所有权的取得是基于先占原则。声称先占原则下土地权利的享有者可以随时要求获得土地所有权，因为在习惯法土地制度下，并不存在真正的时效问题。居住许可证大多是在习惯法治理下的土地上获得的。因此，基于先占原则，任何人都可以从这些拥有居住许可证的人手中夺回土地，哪怕这块土地已经被遗弃很久，或者其占有已经获得政府的承认与授权。据估计，1998年全国土地所有权不到10000个，实际上几乎不超过5000人，其中60%在科托努，20%在波多诺伏，

10%以上在阿波美卡拉维。[①]因此，科托努市区有4%的家庭拥有土地所有权，而该国其他地区只有不到1%的家庭拥有土地所有权。根据环境、住房和城市规划部的数据，目前只有10%的城市土地有土地所有权。[②]

其次，土地制度的好坏对土地产权交易有着直接影响。良好合理的土地制度可以使土地交易更为安全。随着人口的增长和城市的扩张，土地交易越来越多，土地竞争越来越激烈。很多土地的交易并没有伴随着相应土地权利的转让。很多贝宁人在获得土地之后，不愿意去办理土地权利转让手续，当然这与土地转让手续费用高昂且程序复杂有关。这样一来，土地所有权实际仍在前持有者名下。许多土地纠纷即源于这种土地证未及时更新的情况。因此，新买主或住户会被卖主的继承人视为擅自占有者，会遭受驱逐，其房屋也会被拆毁，投资也会付诸东流。由于转让手续的不完善或非正式性，投资者的投资面临着巨大的不确定性。

再次，从宏观来看，合理的土地制度可以让工业或旅游业领域的投资长期化和可持续化。贝宁作为最不发达的国家之一，面临资本严重短缺的问题。没有一定的资本投资，便无法为经济增长提供足够的动力。在资本短缺的国家里，抵押是换取贷款的重要方式。如果使用房地产或土地作为抵押，那么可靠且受到认可

<hr />

① Alain Rochegude, *Décentralisation, acteurs locaux et foncier*, Cotonou : PDMSERHAU, 2000, p.13.

② S. Mako Imorou, *Sécurisation foncière et résidentielle*. Direction de l'urbanisme et de l'assainissement, Cotonou : MEHU (présentation power point), 2004.

的抵押凭证只能是土地证。因此只有确保土地所有权，土地市场才能健康繁荣发展。

最后，这与贝宁普通民众的意识有关。很多贝宁人将居住许可证视为真正的土地证，但是，居住许可证只是推定所有权凭证的依据之一，两者并不能等同。因为相比基于现代法律的土地证，城市居民所持有的居住许可证则有着很多的不确定性。因为居住许可证被视为一种不稳定的所有权，贝宁的金融机构不接受这个许可证作为贷款的抵押。

（二）大规模土地登记运动的内容

根据贝宁现代法律的界定，所有权是"以最绝对的方式享用和处置物品的权利，只要不以法律禁止的方式使用这些物品"。这就是说，以最绝对的方式处置物品即行使权利，可以不受任何限制地进行转让。但是，在习惯法中，由于没有真正的所有权，这种绝对权是不存在的。在贝宁，经土地登记手续所获得的地契意味着完全所有权或者现代产权证明，是不可动摇的。居住许可证只允许人们享有使用权，而非所有权。这意味着持有者不能处置，包括出租、出售或抵押该房产。

贝宁采取分阶段地获取地契的政策，率先在一些城镇推行。1998 年，在贝宁政府的倡议下，环境、住房与城市规划部首先在城市整顿与管理项目（le Projet de Réhabilitation et de Gestion Urbaine）下进行可行性研究。2001 年 8 月 8 日，根据第 2001-291 号法令，贝宁政府成立了居住许可证向地契转型国家委员会（Commission Nationale de Transformation des Permis d'Habiter en Titres Fonciers），专门负责该政策的执行。按计划规定，2005 年发放 10000 份土地所有权，2006 年发放 15000 份，2007 年发放 20000 份，为 10 个城市建立土地登记册并更新土地立法。[1] 但是，截至 2005 年，该项目结束之际，该委员会只发放了 1483 份地契，共计 65650 块土地。不过，自 2008 年开始，贝宁政府再次启动大规模土地登记活动。2009 年 2 月 16 日，在美国"千禧年挑战基金 - 贝宁"（Le Millénium challenge account Bénin）的支持下，贝宁通过了第 2009-30 号法令，旨在支持居住许可证制度改革。2009 年 3 月 24 日，贝宁建立了国家支持获取地契委员会（Commission Nationale d'Appui à l'Obtention de Titres Fonciers）。该委员会不仅负责将居住许可证转变为地契，还扩大了可以确认土地所有权的来源文件范围，包括再安置证明、无争议的销售合同、法院终审裁决等文件，都可以申请转变为地契。这项行动考虑了城市和城郊地区，根据所追求的目标、与可用资源相关的制约因素以及现有机构的干预能力来选择地方。第二次确权行动预计发放 30000 份地契。但是，实际上收集和处理了 1500 份档案。2011 年 8 月，第一批地契已经发放给受益人。但只有极少数受益人能够领取证书。国家支持获取地契委员会的活动时间从 2014 年延长至 2019 年，以便在现有资金允许的范围内继续向公民发放地契。

　　尽管从理论上讲，居住许可证转变为地契是可行的，但是由于各参与方缺乏明确参与的意愿，从而导致该计划未能完成其所

---

　　① Pierre-Yves Le Meur, *L'information foncière, bien commun et ressource stratégique: Le cas du Bénin*, IIED, Dossier no. 147, 2008, p.10.

制定的雄心勃勃的目标。关于实施效果并不理想的原因是多方面的：第一，管理机构包括市镇、省、负责开展工作的测量公司对文件的归档工作组织不力，这些文件关乎所有权的签订、转让以及其他的交易因素。这些机构要么推迟，要么糊弄，甚至徇私舞弊，而且，分配给项目的预算不足，资金被挪用的情况常见。第二，公众没有意愿。贝宁民众经常以无法提供有用信息为由加以拒绝，实际上或是由于担心土地冲突，或者为逃避纳税，或者认为转换对自己的生活毫无影响。因为地契所提供的好处存在替代办法，比如民间高利贷更受普通人青睐，因为向后者借贷无须抵押土地或不动产。

二、城市土地登记系统

贝宁城市土地登记系统（Registre foncier urbain）是贝宁在1989年得到法国对外援助的技术与资金的支持下所建立的土地信息系统。后来又陆续得到多个国际发展援助机构的支持，截至2013年，该系统已经在贝宁22个城市得到应用，成为贝宁城市管理的重要组成部分。

（一）城市土地登记系统产生的背景

贝宁城市土地登记系统的产生与贝宁独立以来不断增长的人口、城市化以及政治变迁密切相关。

首先，过快且无序的城市化进程提出了对于城市管理的迫切要求。贝宁城市化进程自1960年独立以来不断加速。从1960年

至1980年，贝宁的城市化率从原来的10%增加至30%左右。^①这
样快速的城市化进程导致了城市管理的许多问题，因为，很多相
应的配套设施无法跟上这样的城市化进程。最为重要的是，由于
贝宁的土地制度仍然延续殖民时期所确立的登记制度，这种登记
制度由于其烦琐的手续和高昂的费用令普通人望而却步。因此，
新的城市定居者要么在城市土地占用方面是非法的（依据现代法
律而言），要么就是转而谋求获取居住许可证，但这仅是一种个人
的、不稳定和可撤销的所有权。因此，大部分城市土地的占有处
于一种法律不确定的状态，或者产权不稳定和模糊的状态之中。

　　其次，贝宁城镇规划主要同中心城区的规划有关，同整体的
城市化没有密切联系。一方面，贝宁的城市规划日益受到法国的
影响。1982年，贝宁成立了负责城市规划的区域研究、住房和城
市规划服务（Service d'études régionales, d'habitat et d'aménagement
urbain），并于1986年赋予该服务处财政自主权，成为日后同法
国合作的主要机构。该机构主要从法国获得技术支持。另一方面，
贝宁的城市规划重点转向改善城市管理的财政手段，而非规划本
身。这样做的意图是试图发展促进投资的技术和金融工具，发展
与城市化步伐相吻合的地方财政体系。这一诉求后来同世界银行
所主导的发展理论相一致，并得到后者的融资支持。

　　最后，发展城市土地登记系统同贝宁内部的政治转型有关。
自20世纪80年代末期，贝宁严重的经济危机引发大规模的罢工

---

① 　Claire Simonneau, *Les Registres fonciers urbains béninois et l'appropriation
municipale de l'information foncière*, Comité technique « Foncier et Développement »,
Juillet 2013, p.1.

和示威活动。1989 年克雷库政权召开了一次全国代表大会，宣布启动新的宪法修改。1990 年，贝宁制定了新的宪法。新宪法要求贝宁实施行政权力下放。因此，强化地方政府的权力成为改善城市财政状况的重要契机，而且也成为同国际社会合作的重要内容。

（二）城市土地登记系统的沿革

城市土地登记系统是贝宁于 1989 年在法国合作组织的技术和资金支持下建立的土地信息系统，是国际发展援助机构支持下的重大城市管理改革的一部分。城市土地登记系统的演变可分为三个阶段，即城市管理中心角色的垄断阶段（1989—1998 年）、行为体多元化阶段（1999—2006 年）以及作为税收链条一环的阶段（2007 年至今）。[1]

第一，1989 年至 1998 年的城市管理中心角色的垄断阶段。最初是在贝宁第三大城市帕拉库（Parakou）进行试验，由城市化与住房区域研究所（service des Études régionales, d'Habitat et d'Urbanisme）负责。由于在 1990 年取得成效，自 1992 年起，该机构得到法国国际援助部门的资助。1993 年该机构逐步私有化，改制为混合制公司。成为贝宁城市管理改革的中心角色。1994 年，由于税收改革建立了单一财产税，城市土地登记系统及其对这些土地要素的调查，成为地方税收的核心。自 1995 年起，除了法国之外，欧盟

---

① Claire Simonneau, « Que reste-t-il des réformes de la gestion urbaine ? Mémoire du développement et instruments d'action publique », *Anthropologie & développement*, No.53, 2022, pp.78-80.

以及联合国开发署也进行了捐款，贝宁主要城市陆续安装了城市土地登记系统，比如科托努、波多诺伏以及主要的二级城镇，并通过增加编程与规划工具以及地理信息系统来进行改进。

第二，1999 年至 2006 年的行为体多元化和快速扩张阶段。21 世纪初，两项重大制度变化使得该技术系统面临着挑战。首先，源自实施主体的性质变化。2001 年该公司转型为有限责任公司，营利的需求成为主要目标，而且试图垄断与城市土地登记有关的专业技术。其次，随着 2003 年贝宁中央政府决定下放权力给地方政府，城市登记系统正式成为市政工具之一。这导致了地方政府与权力下放的税务部门之间的紧张关系。在此类冲突背景下，2005 年，一些公司的原成员在德国的资助下创建了土地信息系统（Système d'information foncière）。此外，在美国政府的支持下，2006 年启动了面向登记与土地所有权改革的土地改革计划。

第三，自 2007 年起，城市土地登记系统逐步丧失其核心作用，其所起到的动员作用不断下降。鉴于现有的城市土地登记系统的功能下降以及小城市所面临的困难，专家们不再建议安装新的城市土地登记系统。但是，法国仍然继续支持已安装的城市土地登记系统，2012—2013 年，依靠开展寻址业务来维持发展。同时，城市土地登记系统成为市政税收的一种工具，被纳入《税收法典》之中，也成了国家行政与治安学院的税务管理教学计划的组成部分。截至 2013 年，城市土地登记系统仍然在贝宁三分之一的城市运行。不过，城市土地登记系统由原来的国家资助转变为由地方政府的技术人员支持。为了提高其有效性，2011 年，在法国合作部支持下，成立了国家寻址局（Cellule nationale d'adressage）。该机构通过权力下放，以地方治理、领土规划为基础，通过监测评估和咨询来巩固该工具，目前已涵盖了城市土地登记系统或土地信息系统的所有城市。[1]

（三）城市土地登记系统的要素

城市土地登记系统是一个基于"指定地块识别计划"的政府管理信息系统，以促进城市发展为目的的多用途城市数据库。[2] 它又被称为"简化的土地登记系统"。城市土地登记系统的基本要素如下[3]：

首先，城市土地登记系统的组成部分。该系统包括三部分，即基础部分、程序部分和具体应用部分。该系统的基础部分包括比例为 1/2000 的数字化地图，识别地块及其占有情况的寻址系统，包括地块具体情况、建筑情况、水电路等基础信息的城市数据库，信息收集、处理和数据库更新的程序，以及信息数据存储和基础

---

① Céline Allaverdian & Aurore Mansion, *Bilan des PFR et RFU au Bénin: quels défis à relever pour la nouvelle politique foncière?* Secrétariat du Comité technique « Foncier & développement », 2011, pp.3-4.

② Roch Abdon Bah, *L'immatriculation collective, le Registre Foncier Urbain et le Plan Foncier Rural : Expériences béninoises et généralisation du cadastre*, Promoting Land Administration and Good Gouvernance 5th FIG Régional Conférence Accra, Ghana, march 8-11, 2006, p.10.

③ Roch Abdon Bah, *L'immatriculation collective, le Registre Foncier Urbain et le Plan Foncier Rural : Expériences béninoises et généralisation du cadastre*, Promoting Land Administration and Good Gouvernance 5th FIG Régional Conférence Accra, Ghana, march 8-11, 2006, pp.10-11.

文件创建程序。

其次，城市土地登记系统的主要目标。该系统的主要目标包括以下几个方面：第一，控制、增加和整合地方税务资源，为地方税制改革提前做好准备；第二，提高对土地资产的认识，为土地立法和管理方法的改革做好准备；第三，建立管理城市基础设施规划所需要的城市数据；第四，建立有利于决策的城市信息系统。

最后，城市土地登记系统实施阶段。该系统共包括四个阶段，细分为九个步骤。四大阶段包括准备阶段、实施阶段、开发与整理阶段、传输阶段。准备阶段包括创建底图和寻址与镶板两步；实施阶段包括税收和土地调查以及建立基础档案两步；开发和整理阶段包括评估行动、征收行动、构建城市数据库以及土地清查四步；传输阶段仅包括维持系统的可持续性这最后一步。

（四）城市土地登记系统的评估

首先，城市土地登记系统不仅是城市管理系统，也是地方税收资源调动的有力工具。城市土地登记系统不是短期提供税收的工具，而是市政管理和地方可持续发展的重要工具。其优点在于实施周期较短，为三年，且成本合理，民众能够承担。具体而言，在科托努，70% 的城市预算来自税收收入，其信息由城市土地登记系统管理。[①] 实施 10 年后，科托努市政府真正掌握了城市土地

---

① Céline Allaverdian & Aurore Mansion, *Bilan des PFR et RFU au Bénin: quels défis à relever pour la nouvelle politique foncière ?*, Secrétariat du Comité technique « Foncier & développement », 2011, p.3.

登记系统这一工具。该工具适用于高度城市化且地块划分清晰的城市。但是，对于其他较小的城市而言，城市土地登记系统难以真正发挥作用。一方面，源自技术性困难，主要包括街道号码分配困境、负责的市政人员缺乏技术培训、过于重视税收职能从而忽视其他方面等问题。另一方面，与城市规划与治理机构的惰性有关。具体而言，在贝宁，城市化几乎没有任何法规来规范。城市土地登记系统只关注城市化地区。而那些没有确切地理边界的市镇或城乡分界不清的地方并未被考虑在内。此外，作为服务于地方政府的市政工具，却并不受贝宁行政部门的青睐，行政人员的不信任和冷漠态度，导致实施效率低下。

第二节　《农村土地绘图计划》

《农村土地绘图计划》（*Le Plan foncier rural*）是20世纪90年代西方援助贝宁进行土地管理改革的重要组成部分。自此以后，该计划一直都是贝宁农村地区承认传统土地权利的政策与项目的核心工具。它被视为农村土地登记的替代性方案，作为促进贝宁土地改革的工具。[1] 实际上，贝宁在21世纪初经历了两个不同且同时进行的农村土地改革计划。第一代计划由贝宁农业部牵头，

---

[1]　Philippe Lavigne Delville, "History and Political Economy of Land Administration Reform in Benin", in F. Bourguignon, R. Houssa, J.-P. Platteau, & P. Reding (eds.), *Benin Institutional Diagnostic Economic Development and Institutions*, Economic Development and Institutions, 2019. p.17.

得到法国与德国的资助，推动农村地区土地所有权的替代性方案，并通过一项已经准备就绪并经过 10 年试验的农村土地法，即最终于 2007 年通过了贝宁自独立以来第一部真正意义的农村土地法——《农村土地制度》(*La Loi N° 2007-03 portant régime foncier rural en République du Bénin*)。第二代由美国的"千年挑战账户"团队与贝宁城市规划部共同领导，并得到美国"千年挑战计划"的大力援助与支持，在贝宁城市和农村地区推动基于私有财产和个人土地所有权的整体性改革。

一、《农村土地绘图计划》的背景

《农村土地绘图计划》是 20 世纪 80 年代和 90 年代非洲法语地区土地政策辩论的重要部分。

首先，土地登记制度的边缘化状况长期得不到改善。殖民地土地政策基于"自上而下"方式以土地登记建立起私有产权，这种土地登记簿的土地成为绝对的、无可争议的私有财产。1960 年，贝宁独立后继续沿用了殖民时期所确立的土地制度。20 世纪 70 年代和 80 年代的革命政权曾意图将土地国有化，但是除了在贝宁南部建立生产合作社外，没有真正进行土地国有化。在实际中，土地登记工作一直处于极度边缘化的状态，大部分土地，特别是农村地区几乎所有的土地仍处于习惯法管理之下。在整个贝宁，1906 年至 1967 年只颁发了 1980 份地契，2004 年有 14606 份地契，而 2006 年贝宁人口为 1400 万。[1]而且，登记程序的冗长、费用

---

[1] Https://benin.un.org/fr/306-les-resultats-definitifs-du-4eme-recensement-general-de-la-population-etdelhabitation.

高昂、土地管理不规范和不可靠长期阻碍着土地登记制度的推广。更何况，贝宁民众，特别是农村地区的民众缺乏土地登记的需求，个人私有财产并不适合以家庭财产为主的土地所有权形式。这种自殖民时期建立的二元化土地制度成为结构性的问题，助长了土地冲突的发生。自 20 世纪 80 年代中期起，农村土地保有权问题在西非再次成为焦点问题。

其次，20 世纪 80 年代以来贝宁面临着巨大的内外压力。一方面，从国内来看，20 世纪 80 年代末，由于持续的经济危机以及国家债务问题，贝宁面临着十分严峻的财政危机。因此，为了获得国际社会的援助，贝宁不得不接受结构性调整并进行政府机构重组。1991 年私有财产问题再次提出，并被新宪法合法化，继而稍后便出现了农村地区习惯土地权利的法律地位问题。与此同时，由于土地权利缺乏清晰明确的界定，在本国人口激增、大量移民到来以及快速城市化的情况下，有关土地的冲突不断增加，特别是在农村地区。

另一方面，从国际来看，在结构调整和经济市场化的背景下，对国家的土地垄断的质疑成为主流。以国际货币基金组织和世界银行为代表的机构着力在非洲地区推行结构性调整和私有化政策，这种寻求经济私有化的做法对西非国家在殖民时期所建立的后来被新生独立国家所继承的国家土地控制权构成了严峻挑战。根据新自由主义的要求以及法治原则，国家必须通过保障产权和提升行政透明度，营造有利于经济发展和市场的环境，因此提出承认合法的个人私有土地权利作为经济发展的条件。实际上是要求非洲国家推行私有化战略，即将国有土地私有化才能真正提高土地生产效率，从而推动国家的经济发展。

但是，关于土地产权与经济增长的关系当时存在两种对立的转型学说。第一种被称为"替代范式"，认为个人私有产权是经济发展的一个必要条件，应促进土地市场的发展，以保证土地权利流向最高效的生产者。据此，地方权利即集体权利，被指责为生产力的障碍，必须转变为私有产权制度。第二种被称为"适应范式"，认为地块的法律地位与投资之间不存在机械性联系，所谓的私有产权刺激投资的模式很大程度上是有偏差的；土地快速私有化将产生不成比例的社会影响。考虑到此，首要任务是摆脱国家对地方权利的否定，制定一个法律和体制框架，承认和保障习惯权利的多样性，并允许地方根据经济社会发展的变化进行调整。第一代《农村土地绘图计划》在其发明之际是依据第二种"适应范式"来进行的。因为，即使是非正式的，代表当地土地权利也是可能的，而且习俗的巨大多样性并不妨碍个人与家庭权利的合法性，其合法性取决于具体社会要求。

二、第一代《农村土地绘图计划》

《农村土地绘图计划》于 20 世纪 80 年代中期在科特迪瓦发明，并于 90 年代初引入贝宁，旨在为后来的贝宁土地改革做出贡献。这表明，在土地登记和个人私有财产模式之外，可以实施所谓的"适应性"战略，在法律上承认个人和集体习惯法下的土地权。《农村土地绘图计划》最初是为了识别和绘制传统土地权利，通过记录所有权利，包括拍摄土地状况的照片，逐块绘制村庄土地地图，在邻里在场的情况下对每块土地的边界进行调查，并对地块所有者以及个人或集体权利进行调查。如果法律允许，所有这些都会产生一张地图和权利持有人的登记册，这些构成了农村土地证书（Certification fonciere rurale）的内容。

从理论上看，《农村土地绘图计划》的产生是自 1985 年以来法国与科特迪瓦专家对确定土地权利的条件进行反思的结果，同时也是科特迪瓦政府与国际援助者之间不断谈判与妥协的产物。[①] 最初目的在于确定可供年轻人定居的土地，后来被用于满足多重目标，包括记录现有土地权利。20 世纪 90 年代，贝宁从科特迪瓦将该模式引进。此模式最早可追溯至 20 世纪 50 年代，当时很多非洲国家尚未取得独立，1955 年和 1956 年出台了关于法属西非和法属赤道非洲土地所有权重组的法律。不过这些法令并没有真正实施。

（一）试点阶段

1991 年至 1997 年，该计划进入试验与实施阶段。1991 年，世界银行、法国开发署（Caisse française de développement）和德国技术合作署（Coopération technique allemande）制定了一个自然资源管理项目（Projet de Gouvernance des Ressources Naturelles），其中世界银行占 58%，德国占 21%，法国占 9%，联合国占 3%，贝宁占 9%。作为重组农业服务战略的一部分，组建了独立于贝宁

---

① Jean-pierre Chauveau & Pierre-Marie Bosc [et al.], *Évaluation de l'opération pilote de Plan Foncier Rural*, Montpellier, Banque mondiale & Département des systèmes agroalimentaires et ruraux, CIRAD/SAR, N° 84/96,1996, p.23.

行政部门的团队开展农村发展行动。该项目任务如下：首先是制度强化，包括立法文本修订、颁布和应用、政策制定以及能力建设规划和检测评估；其次，确定和实施能促进农林牧业资源可持续利用的试点行动。[1] 此外，除了国家制度强化之外，还包括针对试点地方的具体活动，包括天然林管理、流域开发和发展、土地运营、研究与开发、野生动物管理。

法国开发署和世界银行建议采用《农村土地绘图计划》的方法，即确定和绘制当地土地权利图。其目的是通过权利矛盾调查和地块调查程序，纠正权利的口头性质，从而查清土地保有权状况，减少土地冲突，从而鼓励农民投资于自然资源的管理和土壤肥力的改善。该项目于1992年正式开始，经转型后的贝宁政府批准，但是由于没有颁发土地证书的法律框架，该实验仅在少数村庄进行，受贝宁农业部的监督，具体则由承包小组实施。最初，为了保护生产者，小组希望记录土地运营者的权利。但是这遭到了传统所有者的反对，他们担心自己的土地被剥夺。小组不得不将重点放在记录传统所有者的权利之上，但冒着忽视非土地所有者的农民的权利的风险。事实上，也确实如此，后者很大程度上被排斥在权利登记之外。自1993年起，该项目正式进入大规模的实施阶段，在贝宁进行了一系列且多样化的实验项目。但是由于难以获取具体的数据、当地农民的高度不信任以及土地所有权不

---

① Honorat Edja & Pierre-Yves Le Meur, Le Plan foncier rural au Bénin : Connaissance, reconnaissance et participation, in *Les politiques d'enregistrement des droits fonciers. Du cadre légal aux pratiques locales*, éd. par Jean-Philippe Colin, Pierre-Yves Le Meur, Eric Leonard, Paris, Karthala, 2010, p.198.

稳定等问题，该项目的进展并不是很大。截至 2001 年，共计 41 个村庄试行了该计划。①

（二）寻求制度化阶段

1997 年至 2007 年，该计划进入制度化阶段。1997—1998 年，该项目宣布延长时间之际，贝宁农业部同法国开发署和德国技术合作署进行了谈判。谈判结果则是在法律承认地方确立的土地权利的基础上起草贝宁的农村土地法。1999 年，在扩大试点的同时，农业部根据法国开发署和项目组的意愿，成立了"国家专家委员会"，包括律师、经济学家、社会学家，负责提出法律初步草案。同时成立一个涵盖司法部、经济部、财政部、农业部的部际委员会，提供政治支持并负责监督。国家专家委员会内部进行了激烈的谈判，以确定方案，并于 2001 年提出一项法律草案：它将农村土地从国家私产中移出，使其成为私有土地，将《农村土地绘图计划》制度化，并规定每个村庄必须落实它；创建农村土地证书，使绘图计划中登记的个人或集体权利合法化；建立专门的土地管理系统。

为使该法在颁布后能尽快实施，该项目与法国开发署和农业部达成一致，于 2002 年请国际专家共同制定了"实施该法的行动计划"。该计划的目的是预测即将到来的法律表决，以便为法律的实施做好准备：明确农村土地管理制度，确定培训和支持需求，起

---

① BANQUE MONDIALE 1992, Rapport d'évaluation du Projet de gestion des ressources naturelles, Cotonou，p.12.

草法令，并提出在全国推广土地法的时间表。在 2003 年 6 月举行的全国论证研讨会上，"行动计划"的大纲受到好评。在执行要点上却出现了公司主义的趋向。在农业部进行一系列的听证会与说明之后，政府通过了该法案，并将其提交贝宁最高法院审核。数月后，最高法院同意该法案，除了一些法律技术与形式问题修改之外。2005 年上半年年末，该法案被提交至国民议会。2006 年年初，议会议员们只做了很少的修改，主要的修改是对农村土地的定义，即"位于城市地区、城市化地区或城市规划文件中定义的未来城市化地区之外的土地"（第 4 条"定义"和第 35 条）。2006 年 3 月，博尼·亚伊（Boni Yayi）当选总统，这导致了政治人事的重大变动和一段不确定时期。新总统希望圆满解决这一问题，尤其是正在与一个新的捐助方，即美国"千年挑战计划"（Millennium Challenge Corporation）——进行谈判，该公司提出支持对土地使用权进行全面审查。在总统的推动下，该法终于在 2007 年 1 月 30 日国民议会开会的最后一刻获得通过。

但是，第一代绘图计划的 41 项是在法律框架之外进行的。结果便是，无法向农民提供任何法律文件。虽然成立了专门委员会来保存记录及变更，但是由于缺乏法律依据，农民不再有任何动力去做变更。由于没有明确的角色与职能，委员会逐渐瓦解，文件也逐步过时。由于信息不再是最新的并且调查技术已经过时，现有的土地文件无法纳入新的法律和监管框架。因此，这些"试点"绘图项目成果无法在 2007 年农村土地法框架内进行转换，除非进行大量恢复测量和测绘工作。

三、第二代《农村土地绘图计划》

第二代《农村土地绘图计划》由美国的"千年挑战账户"团队与贝宁城市规划部共同领导，并得到美国"千年挑战计划"的大力援助与支持，在贝宁城市和农村地区进行了基于私有财产和个人土地所有权推广的整体性改革。2005 年开始，围绕改革框架，第一代绘图计划与第二代绘图计划曾经就是否保留农村特殊性、是否推动土地所有权的扩大等问题，展开了激烈的斗争，同时掺杂着贝宁不同部门之间的权力斗争、美国与欧洲的地缘影响力争夺以及专家的知识范式之争。

（一）第二代计划的启动

在"适应范式"理论下所进行的绘图计划自 2005 年起受到了贝宁和美国政府之间制定的另一项土地改革倡议的公开挑战。2004 年，在蒙特雷发展筹资会议之后，美国国会设立新的对外援助机构，即"千年挑战计划"（Millennium Challenge Corporation），负责向欠发达国家中被评为具有良好经济政策和发展潜力的国家提供经济援助，以协助受援助国实现经济增长并摆脱贫困。经过贝宁政府与美国政府几个月的谈判，成立了一个受"千年挑战计划"资助的项目，即"千年挑战账户"（Millenium Challenge Account）。该项目包括四部分，其中有一部分涉及土地，目标在于"让土地成为可流通的资产"。具体而言，他们为实现这一目标设置了具体的细化目标：寻求在五年内彻底改革土地立法并使其现代化，改革土地管理的制度框架，并通过大规模的发展来扩大土地所有权规模。计划在300个农村地区试点该计划，发放7.5万份土地证书，其中部分必须转化为地契。该计划在2006年至2011年为土地改革部分筹款近3000万美元。①

同受新自由主义主导的"千年挑战计划"一样，"千年挑战账户"提倡土地改革的概念，但是这一概念则是在替代范式指导下产生的。所有非正式的土地，最终的结果必须是土地所有权的普遍化，这是现代法律与制度的要求。因此，需要清除的障碍，包括自1965年以来国家有关私有财产的某些过时条款，效率低下、组织混乱、设备不足、过于集中化的土地管理机构（财政部土地局）以及政府的失败举措。因此，该计划反对在未登记土地上的销售协议以及在登记法框架之外发放城市居住许可证的做法。法律框架的标准化是首要任务，土地证书最多只是地契之前的一个中间步骤。《农村土地绘图计划》不能替代土地登记制度，但可以成为促进个人土地所有权普遍化的有效手段。

（二）计划的开展与成果

在起草契约期间，"千年挑战账户"依靠其强大的政治支持，推迟了农村土地法草案的批准，并且对农村土地法草案的制定提出了异议。然后，一旦草案付诸议会审议，"千年挑战账户"则一

_____

① Philippe Lavigne Delville, Les « plans fonciers ruraux » au Bénin (1992-2015). La carrière d'un instrument « pilote » au sein de politiques non stabilisées, *Revue internationale de politique comparée*, Vol.27, No.2, 2020, pp.61-86.

反常态地推动其投票通过，最终该法案于 2007 年投票通过。但是，之所以会投票同意，其原因在于它需要一个过渡性法律框架来执行 300 个绘图计划，并颁发项目中所规定的土地证书。在 2006 年至 2011 年的 5 年里，该团队主导讨论贝宁土地政策，将农业部边缘化，转而同城市规划部协调，同步推进其支持的整体性土地改革的准备工作与实际行动，争取在 2013 年使得其主导的土地改革法案通过。这个以私有化范式为基础的法律草案最终取得胜利得益于以下两个方面：更强大的政治依靠，大量的财政支持。事实上，土地登记便是在私有化范式下进行的。一方面，这种范式是唯一可以设想的所有制形式；另一方面，则与农业部技术上的不足以及内部的分歧有关。法国计划开发署选择了退出，之前法国是贝宁农业部最为热心的捍卫者。法国计划开发署由于未能在 2008 年组建成功新的农村土地绘图行动而选择了退出。[①]

从结果来看，相比试点 12 年所实现的 41 个绘图项目，"千年挑战账户"则在 5 年内实施了 300 个绘图项目。如此短时间大规模的变化背后则意味着方法技术的变化。为了提高成功率和精度，航拍照片的测量方式被 GPS 测量所取代。同时，它倾向于采取招标方式招募人员，这引发了专门测量公司与社会工程之间权力与资金的竞争。最终，测量员赢得了这场斗争，但是却导致项目被迫停滞近一年。所以，由于计划过于雄心勃勃，加上启动延误，时间表的限制，团队技能有限，测量员和调查员之间的协调也存

---

① Philippe Lavigne Delville, Les « plans fonciers ruraux » au Bénin (1992-2015). La carrière d'un instrument « pilote » au sein de politiques non stabilisées, *Revue internationale de politique comparée*, Vol.27, No.2, 2020, pp.61-86.

在很大困难，导致工作质量低下。再加上，无法获得卫星图像，
而且地图是在白色背景上绘制的，这使得农民难以阅读。调查范
围没有覆盖整个村庄。社会土地调查结果的质量在地块调查数量
优先的逻辑中处于次要地位，因为根据"千年挑战账户"的精神，
其目的是颁发私有产权，而不是反映复杂的权利，因为土地证书
仅是过渡。计划的 300 个项目最终完成了 294 个。而且，项目执
行期间仅颁发了第一批证书。虽然负责颁发土地证书并管理土地
信息的村委会和市政府团队接受了快速培训，并获得了设备（市
政府的桌子、摩托车、电脑），但没有得到进一步的支持。因此，
最终项目停止，团队解散。土地证书也没有都分发到所有村庄，
而且公共土地服务中的一些数据库不完整。所以，尽管美国主导
的《农村土地绘图计划》是在 2007 年法律框架内进行的，却没有
真正继续推动该计划及其后续管理。

第三节　2007年《农村土地制度法》

面对经济的不断发展，传统的土地保有制度已成为法律不安
全与土地冲突的重要来源。自 20 世纪 90 年代起《农村土地绘图
计划》在得到法国与德国援助的基础上，在经历了 1999 年至 2006
年的试点之后，2007 年 10 月 16 日贝宁国民议会通过了第 2007-03
号法律《农村土地制度法》。这部法律是贝宁自独立以来第一部真
正规范农村土地权利的法律，有助于提高农村土地的竞争力。

一、2007 年《农村土地制度法》的主要内容

该法律共有六个标题、十二章、二十一节和三段，总计 135 条。第一编共计 32 条，涉及一般性规定。第二编共 28 条，涉及国家和地方政府所有的农村土地。第三编共 61 条，规定了农村土地私有权的框架。第四编包括处理农村土地纠纷的两个条款。第五编则有 3 条，包括刑事条款。第六编包括过渡条款和最终的 7 个条款。2007 年 10 月 16 日关于贝宁共和国农村土地使用权的第 2007-03 号法律在一定程度上解决了农村土地使用权的问题。

（一）2007 年农村土地法的规范创新

1. 承认传统土地权利。明确界定各方权利，有利于减少冲突。根据农村土地绘图计划，在公开和对抗性调查结束后，这些权利被记录并公开。通过公开调查，可以明确了解当地参与者持有或主张的权利，并通过土地登记对这些权利进行社会和法律确认。在该法的总则中，第一章"适用范围"第 1 条第 1 款规定："本法确定了贝宁共和国农村土地使用权的基本规则和原则。"[1] 此外，同一条款的第二段对适用范围做了更具体的规定，指出："本法适用于国家和地方当局的私人农村土地，以及根据私法属于自然人或法

---

[1] Code Foncier et Rural du Bénin , Loi N° 2007-03 du 16 Octobre 2007 , article 1 er alinéa 2 nd, p.1.

人实体的农村土地。"① 因此，2017年法律承认这些权利可分为两大类：所有权和使用权。这些权利可以通过多种方式获得。在贝宁，获得财产的方法有占有、继承、购买、赠与；使用权产生于租赁、借贷、转场放牧。非本地移民可以获得土地使用权，只要他们尊重本地居民规定的习俗和规则。在大多数情况下，给予移民的权利是临时性的，对投资（水井、建筑物、多年生作物等）有限制。

2. 农村土地证书合法化。农村土地证书源自一种简化的传统土地登记形式，它包括对农村土地进行普查，绘制图形文件，然后进行文字记录。它提供了相关地区建筑物的展示、几何和地理视图，确定边界并明确每个假定所有者的权利。它是根据每个公民向授权代理人所做的声明，在公开和相互矛盾的权利清单的基础上绘制的，授权代理人不能增加或减少任何内容，甚至不能将自己设置为解决争端的法庭。一旦编制完成，就会出现两份文件：地块平面图和权利要求者登记册。地块平面图显示了农村地区内所有受益于土地所有权证书的地块；它还显示了这些土地的边界，明确了尺寸（标记间距来表示）和表面积。根据校正的影像图的信息，每个地块都有一个唯一的编号。有了这个编号，就可以很容易地找到对应的地块。它还提供了每个地块的表面积及其地理坐标信息。该登记册已数字化，以便在公布和更新后更方便地存储信息并进行必要的更正。合法权利主张者登记册是对地块规划的补充文件，其中列出了所有对不同登记地块拥有各种权利主张

---

① Code Foncier et Rural du Bénin , Loi N° 2007-03 du 16 Octobre 2007 , article 1 er alinéa 2 nd, p.1.

的人。地块平面图和登记册使用相同的识别号。登记册包含对所列地块拥有权利的人的信息，包括农民的身份和地址、获得地块的方法以及耕种率。

3. 面对农村土地交易的不确定性，2007 年法律将书面形式引入农村地区土地交易，使其正规化。农村土地证书是记录和确认根据习俗或当地惯例确立或获得土地权利的文件。农村土地证书是地契的替代物，可以作为当地农业互助信贷联盟或任何其他金融机构发放农业活动贷款的抵押物。并且，任何拥有农村土地证书的地块都可以转让，包括遗嘱、出售、出租、出借或以任何其他方式转让或委托。土地还可以分割，每次分割都颁发农村土地证书。农村土地证书可以申请土地登记。所有地图上地块的交易和转让都必须出示相关地块的农村土地登记证书。这些交易和转让必须以书面形式记录，并由负责土地管理的机构即城乡土地管理委员会进行登记，也可从国有财产局获得销售协议、租赁合同、转让合同、种植合同等。

（二）农村土地管理体制改革

农村地区的土地管理仍然受到传统和习俗权威的影响，但其范围已不再像以前那样广泛。改善土地制度，需要采用新的土地和财产管理制度。获取土地、确保土地安全以及管理土地是发展所需的必要因素。土地管理部门在其中发挥着决定性作用。在体制方面，贝宁的土地管理曾经由一系列机构负责，这些机构采用不同的方法进行干预。

自《农村土地制度法》通过以来，土地管理一直由（市镇级）

土地管理委员会（Commission de Gestion Foncière）专门负责，这是农村土地立法进步的结果。在市镇管理方面，根据 1999 年行政权力下放的相关法律，贝宁设立了产业与环境事务委员会（Commission des Affaires Domaniales et Environnementales）和产业与环境事务处（Service des Affaires Domaniales et Environnementales）。这些不同机构之间的协作确保了农村土地的安全，并防止了大规模征用农村土地而损害农民的利益。

《农村土地制度法》规定在社区一级设立土地管理委员会，其下设土地管理村分部（Structure Villageoise de Gestion Foncière）。这些机构在农村土地管理方面被赋予了重要权限。农村土地上的所有土地交易和转让都必须在土地管理村分部进行正式登记，否则无效。土地管理委员会的职责是向市长提供建议并协助其执行市镇委员会关于土地问题的决定。土地管理村分部有权查阅重复登记文件，进行地方土地管理，并准备转让文件供市政厅登记。它还有权制定管理规则，这些规则具有地方法律的效力，是自然资源管理的一部分。为便于更新土地信息库，制定并向土地管理委员会提供标准合同表格。土地管理委员会主席由产业与环境事务委员会主席兼任，土地管理委员会办公室由 5 名成员组成，其中产业事务负责人担任秘书。土地管理村分部支持市镇理事会解决农村地区的冲突。

二、2007 年《农村土地制度法》的评价

这部法律处于意识形态、经济、法律和社会问题的十字路口，但是，仍取得了相对的成功。这部法律的起草过程是一场艰苦的

战斗。该法是超越农村地区不同权利和规则叠加的一次相对成功的尝试。尽管该法远非完美无缺，但是确实达成了相对一致的法律共识，也是对贝宁未来土地所有权改革的一个重要铺垫。

（一）2007年《农村土地制度法》的益处

首先，这是一部协商一致的法律。贝宁土地管理的特点是法律条文过多。从技术上讲，缺乏适当的土地管理工具，农村和城市地区土地管理制度在不平等和矛盾的氛围中并存。该法的主要创新包括：承认通过习俗和惯例获得的权利，以及土地交易和转让的正规化。由于意识到土地使用权证书是解决冲突问题的切实可行的办法，利益相关者在起草该法律时意见趋于一致。《农村土地制度法》的通过填补了一个重大的法律真空，尤其是在农村土地管理方面。该法旨在确保各利益攸关方的农村土地权利，承认这些权利并利用私人土地管理工具将其正式化。对土地可行使几种权利，即所有权和使用权。通过地形调查对地块进行登记，然后在社会调查后记录权利的性质，并且对地块权利方进行登记，从而将权利记录在《农村土地绘图计划》中。与此同时，该法创新性地对地产进行了区分，将其分为三类：国家所有的农村地区、地方当局所有的农村地区和私人所有的农村地区。从此，人们可以根据当地的习俗、惯例和标准，使自己获得的权利得到承认。合法化的结果是颁发所有权证，证明所行使权利的存在。根据当地习俗和惯例，所有习惯使用权下的农村土地都可以是使用权委托的对象，但这种委托必须以书面形式记录下来并有见证人。

其次，适应性改革是对地方替代政策的抵制。产权证明是用来证明产权存在的文件，是一种被广泛认同的社会要求。这种或多或少具有既定法律价值的文件被视为一种保护工具，可以拒绝行政部门、邻居、移民甚至家庭成员的土地要求[①]。新的改革再次确认了国家对土地管理的控制，其目的是尽快满足对有保障的土地使用权的大量需求，并以民众能够"承受"的成本来实现。

（二）2007 年《农村土地制度法》的不足

首先，2007 年《农村土地制度法》主要关注农耕业，却忽略了同样重要的畜牧业。在该法中，牧区权利制度没有作为重要内容加以关注。目前，牧区作为牧民生存的重要资源，也受到习惯法下土地制度的约束。因此，应该为其制定专门性的章节或法律，但是很遗憾，这并没有在《农村土地制度法》中得到落实。这一轮的农村土地改革在很大程度上是通过借助私人土地使用权这一概念来确保农民的个人使用权，但并没有界定牧民的通道走廊或放牧区等集体空间的法律地位。因此，畜牧业者特别是放牧业者的合法权利并没有在这部法律中得到保障，致使畜牧业者经常处于冲突性的土地使用环境中。造成这一困境的原因在于权利主体的复杂性以及监管能力有限有关，而且，农村地区的土地保有权还有其他重要挑战需要应对，这也导致该问题被边缘化。所以，在实践中，2007 年《农村土地制度法》忽视了对自然资源的权利，尤其是牧民的权利，也忽视了公共区域，这是一个很大的局限。

---

① Alain Rochegude, *La nouvelle politique foncière de Madagascar, L'invention de la « propriété gasy »*, LAJP Université Paris 1,juin 2010, p.4.

其次，对利益直接相关者影响有限。作为贝宁整体农业利益代表者的农业部，尽管直接负责自然资源管理项目，但其实际参与度十分有限。农业部更多是提供进程性支持，比如必要时在政治上支持该项目的进行，特别是在部长会议上为该项目辩护，主持并领导研讨会，对所提出的建议负责等。但是，很明显，该法并没有反映出农业部的积极主导角色，这些介入都是表面的，浅显的，不是实质性的。因此，农业部实际上并没有成为真正的推动者。此外，农业部之外的直接相关方，比如权力下放部门和城乡规划部门在之后的调研中所能提供的有关资料与进展情况也非常少，反映出这些部门既没有意愿也没有能力介入农村土地改革，尽管这些改革涉及这些部门的实际权限。更严重的是，上述法律所涉及相关部门的实质性参与缺失，反映出贝宁土地制度尽管拥有较为完备的法律体系基础，却始终难以建立起将这些法律加以落实的政策。没有具体政策，便没有真正的法律实施。

第五章　2013 年贝宁土地法及其改革

贝宁土地制度是长期历史进程的产物，独立后的贝宁历届政府不断进行着力度不一的土地改革。但是，贝宁的多元土地制度的问题并没有从根本上得到解决，特别是随着贝宁的人口不断增长以及城市化进程不断加速，多元的贝宁土地制度越来越难以适应贝宁社会经济的发展。而且，这种多元制度并存所产生的法律不确定性也导致土地交易的不确定性，从而使得贝宁土地冲突变得更多且难以有效解决。在国际发展合作机构的资金支持下，贝宁于 2013 年 8 月 14 日通过了新的《国家土地法》(*Code foncier et domanial*)，并于 2017 年 8 月 7 日对其进行了修订，使得贝宁土地制度的一体化以及土地产权的确定性取得了重要进展。本章首先分析 2013 年贝宁土地法出台的背景，包括土地冲突增多、社会政治因素以及经济因素。其次概述 2013 年贝宁土地法的主要内容及其创新点。再次，分析 2017 年土地法修正案的原因及其主要变化。最后，分析现有的贝宁土地法存在的不足以及面临的不确定性条件。

第一节　2013年《国家土地法》出台的背景

贝宁当代的土地问题是历史上前所未有的挑战。"人人得有单独的财产所有权以及同他人共有的所有权。任何人的财产不得任意剥夺。"[①] 土地是贝宁农业生产、经济发展、自然资源管理业务（牧业、林业）、低洼地区开发或灌溉计划以及农村与城市发展的关键。但是，由于贝宁土地冲突不断增多，加上对经济增长的追求，出台一部统一且综合性的法律势在必行。

一、土地冲突增多

贝宁是以农业为主的国家，土地是财富的主要来源之一。在对土地和自然资源的竞争日益激烈的背景下，多重和相互矛盾的诉求不断增加，并引发了一系列的冲突。事实上，土地纠纷已成为普遍现象，因为获得土地所有权的渠道非常不规范，"谁买了土地，谁就买了官司"[②]。

---

① Article 17 de La Déclaration universelle des droits de l'homme de 1948.

② Ministère de l'Urbanisme, de l'Habitat, de la réforme foncière et de la lutte contre l'érosion côtière, « Procédure d'enregistrement et de formalisation des droits fonciers », p.20.

（一）同财产获取方式有关的争端

根据贝宁所沿用的法国《民法典》规定，"所有权是以最绝对的方式享有和处置物品的权利，只要其使用方式不为法律法规所禁止"[①]。因此，所有权意味着对物品的享有和处置。财产权可以通过继承、赠与、购买或交换获得或转让。在贝宁，最普遍的则是无遗嘱继承。因为，通常财产被视为不可分割的，属于整个大家庭或家族，一般由户主管理。但是，随着贝宁社会结构的变化，家庭逐步从家族中独立出来，小家庭化的财产、田地和种植园变得日益常见。由此，贝宁社会出现了集体、家庭、个人财产并存的情况。这种情况下，随着人口的激增，土地成为稀有物品，成为各方争夺的焦点。这导致重卖现象盛行以及对所有权的肆意争夺。主要是以下六个方面的冲突[②]：

首先，重卖的做法盛行。这是通过虚假陈述或隐瞒，将已出售或抵押他人的财产出售或抵押给他人的民事犯罪。这种做法在卖方、继承人、债务人中非常普遍。而且，政府派遣的土地测量员和行政人员也会参与其中。其次，即使拥有地契或长时间占用也不能确保其安全，可能是因为赠与契约、出售他人地块、侵占所有权，或者是滥用时效或征用的概念不清等引起的。现代土

[①]　Article 544 Code civil Français.

[②]　Épiphanie Yelome, *Pertinence du nouveau système de droit foncier au Bénin.* Thèse de droit. Université de Perpignan, 2022, pp.25-53.

地法与习惯土地法各自的支持者经常就土地所有权发生纠纷。比如，贝宁南部常见的情况是，家庭后裔质疑家庭先辈出售土地的行为。再次，强行霸占土地成为产权争夺的重要来源。比如，在没有任何法律证明的情况下占用土地，而占用的依据往往是以前在有关土地上耕种过。第四，通过继承获得财产往往成为冲突和不公正的根源。继承是指个人或群体在亲属去世后获得其全部或部分土地遗产。遗产分割不公引发了诸多冲突，而且贝宁的遗产分割很少有遗嘱作为证明。死者生前的财产分配可能在其死后受到其后代的质疑。另外，偷窃遗产也是屡见不鲜的。第五，城市化的扩张以及农村土地被用于工业和基础设施建设是农业用地减少的根本原因。农民为了生存寻找新的可耕农田而迁徙至其他"处女地"定居。这些占地引发了冲突，因为基本上所有的土地都已被占有，以前的无主荒地不复存在或很少有了。第六，农牧业之间的冲突日益严重。农业与畜牧业都是贝宁经济的重要组成部分。长期以来，国家立法很少关注从事畜牧业人员的土地权利。农耕活动的扩大压缩了可放牧区的土地，导致畜牧业者为寻找足够的畜群资源而不断迁徙。为了寻找资源，牧民侵占了为农民的役牛保留的休耕地，农民的田地成为牧民用于转场放牧的土地，庄稼被毁。因此，迁徙引发了农牧民的土地争夺与冲突。这反过来又加剧了迁徙的发生，往往是恶性循环，直至爆发暴力性冲突。

（二）土地侵吞增多

土地侵吞主要包括土地囤积、土地交易腐败以及土地违规征用三类。① 为了建设公共工程，国家和地方当局征用土地，但是国有公产土地和私产土地被贪腐人员肆意出售，导致土地短缺问题日益凸显。首先是土地囤积。贝宁的土地商品化导致了大规模的土地购买和农业用地的大规模收购。这些收购通常来自外国投资者。"就对平民的负面影响而言，掠夺土地的破坏性不亚于战争。"②不过，与该区域的其他国家不同，贝宁本国人出售的农业用地多于外国人。这些现象导致农业用地集中在少数人手中。大量购买土地增加了人口对外部粮食供应的依赖，因此对发展构成威胁。其次是土地腐败。腐败是指一个人索取礼物或任何种类的好处，否则就拖延实施或不实施其职责的行为。"土地腐败"是一种与土地市场动态相关的政治和公共腐败形式，涉及国家和非国家行为者③，具体指在购买土地、征税、城市化和开发活动（分地、重新安置、重新组合、开辟道路）中实施的行为，目的是使政治和行政系统中最有权势的成员受益。最后，出于公共利益的征用是"公共当局可以用来向社会成员强加普遍利益所需的服务的最重要手

① Épiphanie Yelome, *Pertinence du nouveau système de droit foncier au Bénin*. Thèse de droit. Université de Perpignan, 2022, pp.41-53.

② Volker Stamm, *Structures et politiques foncières en Afrique de l'Ouest*, Paris, L'Harmattan, 1998, p.9.

③ Paul Dabone, *Quelle législation foncière comme outil de cohésion sociale et de développement économique, adaptée aux réalités socio - culturelles du Burkina?* Mémorie de master, Ecole Nationale des Régies Financières du Burkina-Inspecteur des Impôts, 2008, p.17.

段之一"①。它本应受到合理的法律约束，但是在贝宁的现实中，往往是非法进行的，甚至是出现无节制驱逐（déguerpissement）。前者的情况常常是，被征用的土地得不到补偿或公平合理的补偿。后者最初源自殖民者通过驱逐定居在城镇的非洲人来获取土地，这些非洲人往往被安置在贫瘠或偏僻的土地上。在当代社会则是驱逐居民非法占用道路、公共空间、人行道等，以便开设商店、作坊等。政府缺乏对公共空间的占用政策，所以经常随意按年或按月收取占用税。同时，存在一种极为恶劣的驱逐，即根据法院判决，以强制方式驱逐在没有所有权的情况下占用土地的群体，包括拆毁房屋，最终导致民众无家可归。

二、社会政治因素

作为典型的后殖民国家，贝宁既没有可支配的技术资源，也没有可支配的人力资源。具体而言，贝宁国家角色定位始终混乱，且难以制定出符合贝宁实际情况的法律体系，也无力合理实施既有的土地政策。

第一，国家角色的混乱。非洲国家的土地管理沿袭了殖民时期的做法，没有任何实质性的改变。赋予殖民者的特权被转交给了独立后的国家或政府。国家拥有所有领土并决定谁能拥有土地；国家创造所有权、控制权和保障权。一方面，如果按照习惯法来

---

① Etienne Le Roy, Emile Le Bris et Paul Mathieu (éd.), *L'appropriation de la terre en Afrique noire : Manuel d'analyse, de décision et de gestion foncière*, Paris, Editions Karthala, 1991, p.54.

看，国家也是非法所有者，因为它对其拥有的大部分土地没有所有权，从而为操纵打开了方便之门。另一方面，当涉及习惯法框架下的土地时，国家却发现自己处于转让市场的中心。国家可以被个人、家庭、宗族、世系、社区或私营公司左右。操纵者就能控制政府的政策，并使之符合自己的特殊利益。因此，政府将属于国家的经济资源非法转用于私人利益。"国家攫取构成大规模腐败。"①

　　第二，二元土地制度的问题。首先，从立法来看，国家在起草和适用法律规则方面的宽松态度导致了过渡时期过于漫长。在前殖民时期，在社区管理中，土地是神圣的、不可侵犯的和不可转让的。随着殖民主义者的到来，这种习惯法发生了转变，转向了土地交易的货币化。殖民法引入了个人私有财产制度，而这一制度很难为土著居民所接受，仍选择习惯法制度。殖民时期的特点是保持法律的二元性，殖民法和传统法继续并存。独立后殖民时期的法律文本继续适用，很少有立法创新，或者独立后的立法并没有根据现实情况进行真正的调整。其次，从土地管理机构来看，土地管理部门应在获取土地、保障土地安全方面发挥着关键性作用②，然而，在贝宁，土地管理制度并非总能充分发挥这一作用。贝宁土地管理的特点是机构高度政治化且无法协同合作。这

---

① Saï Sotima Tchantipo, *Normes pratiques et stratégies des acteurs dans le service public de justice au Bénin*, Thèse de doctorat, Université de Mainz, Allemagne, 2013, p.59.

② Jean-Pierre Magnant, « Le droit et la coutume dans l'Afrique contemporaine», Droit & Cultures, vol.24, No.2, 2004, p.19.

一方面是由于直接或间接参与土地管理的管理机构繁多[1]；另一方面，机构的分散也造成了巨大的困难。"改善公共土地服务需要改变方法，采用新的土地和财产管理制度。"[2]实现土地管理现代化并使其成为土地所有权的保障，是各国政府和发展伙伴的主要关切。

第三，从微观来看，政策难以落实。"任何政策如果得不到执行者的支持和真心拥护，就不可能取得成功。"[3]"过去的土地法律在贝宁几乎得不到尊重。不仅是民众（大多数人仍然是文盲），更严重的是行政部门本身，在某些情况下，地方法官有时更愿意根据自己的公平观念而不是过时的法律条文来判断。"[4]首先，土地政策由具有公共权力属性的行政部门实施和控制。由于缺乏透明度和强制力，这些机构未能满足公民的期望。结果导致公平、安全地获得土地和土地所有权、安全投资、有效管理国家和公共当局的土地资产、有效处理公共权利目标参与者之间的关系所产生的冲突都变成了行政机构的噩梦。其次，公民获得机构服务的机会成问题，所提供服务的质量也成问题。前者由于土地登记部门集

① Guy Adjété Kouassigan, *L'homme et la terre. Droits fonciers coutumiers et droit de propriété en Afrique occidentale*, Paris, Editions Berger Levrault, 1966, p.246.

② Jean-Pierre Magnant, « Le droit et la coutume dans l'Afrique contemporaine», Droit & Cultures, vol.24, No.2, 2004, p.18.

③ John Hazard, *Le droit de la terre en Afrique au Sud du Sahara*, Paris, Maisonneuve et Larose, 1971, p.131.

④ Lazare Comlanvi Crinot, *Maitrise et appropriation du sol en République Populaire du Bénin : Contribution à l'étude du droit de la propriété foncière dans un pays en voie de développement*, Thèse de Doctorat, Université d'Orléans, 1986, p.72.

中在大城市，大部分普通民众鉴于遥远的路途和高昂的登记费用难以获得享受土地登记的机会。后者则由于贝宁土地管理部门放弃了公共服务所要求的平等、公正与不歧视原则，要么大量非法发放行政证书、居住许可证，要么司法系统高度腐败，腐败左右着诉讼过程和判决结果，权力和金钱都可以对司法系统进行渗透。"任何管理不善的冲突都会留下多年的后遗症。"[①] 最后，对法律规定的无知常导致民众处于无休止的冲突中。在贝宁，无论是人民还是国家行使权力的行政部门都很少尊重法律。不遵守法律的原因往往是民众缺乏知识，其中大多数是文盲，以及公众无法获得现行的法律文本。

三、促进贝宁经济发展

尽管产权私有化并不必然促进经济增长，但是通常稳定明晰的产权关系有利于经济增长，这是被普遍证实的。

首先，资本短缺是发展中国家普遍面临的重大问题。因此，获取经济发展所需要的资本就要求对产权做出明晰稳定的界定。持有地契是确保投资和获得信贷的有力经济杠杆。贝宁希望效仿新兴经济体的快速工业化发展道路。其实不仅是工业发展，农业现代化、城市化这些都需要获得土地作为基础。为了获得土地，民众与投资者时常面临着与注册费用、程序以及其他手续相关的

---

　　① Bénédicte Brunet La-Ruche, *"Crime et châtiment aux colonies": poursuivre, juger, sanctionner au Dahomey de 1894 à 1945*, Thèse de Doctorat, Université de Toulouse Ⅱ, 2013, p.581.

诸多困难。非洲国家的对外开放吸引了成千上万的外国投资者，他们对在贝宁建立综合农业以及现代工厂有着很大兴趣，但是却望而却步，无法实施。这是因为在贝宁市场上虽然存在大量的土地交易，但是这些土地常常因为二元土地制度的漏洞，并不那么安全可靠。他们的投资计划要么被耽搁，要么放弃。更糟糕的是，他们经常听到投资者陷入法律陷阱的故事，从而失去了他们自以为拥有的权利。

其次，快速工业化发展道路使得政府常常采取有利于工业化的各种措施，而工业化所建立的工业园区则需要大量的土地。贝宁过去的土地改革实际上导致国家成为土地管理和分配的唯一主宰者。因为，在以社区集体主义为基础的土地管理机制下，农业综合企业难以扎根。国家土地所有制取代传统土地所有制，有利于鼓励外国投资，但是却常常牺牲当地居民的利益。此外，贝宁的大家族或大的企业也在利用各种机会不断蚕食或者直接掠夺贝宁的土地储备。这些行动得到了国家的支持和鼓励，至少是默许。因为，这些垄断行为符合国家发展农业综合企业的政策，便于将农业和工业产品加工相结合。不过，这一进程，必然会牺牲大多数小生产者、饲养者和农民的利益。

再次，包括贝宁在内的大多数非洲国家都制定了以农业为基础的政策。在贝宁，农业生产仍然是经济的命脉。贝宁的主要农业政策是以棉花种植为基础的。近年来，贝宁的棉花产量达到80万吨，在非洲大陆名列前茅。[①] 而且，包括贝宁在内的一些非洲国

---

① 《贝宁工贸部长表示贝宁棉花产量位居非洲榜首》，驻贝宁共和国大使馆经济商务处，2021年10月25日。

家面临着严峻的粮食自给自足的问题。这些都意味着要对土地进行有效和适当的管理。

最后，是经济可持续发展的要求。可持续发展意味着对资源进行有效管理，以免影响子孙后代对资源的使用。但是，土地资源正在被"无节制地"使用，这主要是源自贝宁快速扩张且无序的城市化进程。城市人口激增所带来的住房建设用地以及公共设施用地需求导致很多优良的农业用地被吞噬，再加上不断增长的人口对土地需求的增加，更何况还有国内外的投资者出于投机目的而大量囤积土地的情况，这要求必须对贝宁的土地进行可持续发展的规划与管理，否则可能会导致严重的社会经济问题出现。

第二节　2013 年《国家土地法》

该法案废除了 1960 年 7 月 13 日制定的关于居住许可证制度的第 60-20 号法律、1965 年 8 月 14 日制定的关于土地所有权重组的第 65-25 号法律、2007 年 12 月 16 日制定的《农村土地制度法》的第 2007-03 号法律，以及之前所有与该法相悖的规定。2013 年《国家土地法》规定了 5 年的过渡期，2017 年土地法修正案将这一过渡期延长至 10 年，即在 2023 年完成过渡。

一、2013 年《国家土地法》的内容概要

2013 年的《国家土地法》主要涉及土地和建筑物所有权程序、产权确认以及国家所有权管理。新土地法并没有完全废除殖民时

期以及后殖民时期的一系列立法，反而是建立在其基础上的更新。因此，它仍然是前殖民时期、殖民时期以及独立以来土地法律的延续。虽然有着诸多的创新，但也存在着诸多问题。从内容来看，2013 年土地法共 543 条，分为十编，即：总则（第一编）；关于所有权的规定（第二编）；关于财产权的保护和行政承认的规定（第三编）；侵犯财产权行为（第四编）；关于国家与地方当局的不动产的规定（第五编）；关于农村和习惯法土地的规定（第六编）；关于证据和土地诉讼的规定（第七编）；有关国有与私有土地管理的体制框架的规定（第八编）；有关犯罪和处罚的规定（第九编）；有关过渡性和最终性条款的规定（第十编）。①

具体而言，第一编介绍了总体背景、目标、权限、法律领域、基本协议和重要定义。根据标题，该法律的目的是确定贝宁共和国土地使用和交易的规则和适用程序。该法的原则涵盖国家的公共与可出售土地、集体土地与个人土地等类型。土地制度涉及农村、城市和郊区土地，并解决了土地权利确认、官方土地所有权的矛盾程序的问题。在这一部分，更具体地说，在第 5 条中，国家成为"土地所有者"，并被视为"个人、集体和国家财产权的保证人"②。

第二编涉及有关土地所有权、土地占用和土地开发的程序。③

---

① Loi N° 2013-001 du 14 janvier 2013 portant code foncier et domanial en République du Bénin, pp.1-84.

② Article 5 de la Loi N° 2013-001 du 14 janvier 2013 portant code foncier et domanial en République du Bénin, pp.1-2.

③ Loi N° 2013-001 du 14 janvier 2013 portant code foncier et domanial en République du Bénin, pp.6-18.

它涉及有关继承、捐赠、土地交易（买卖）、遗嘱转让、交换、加入或合并的所有权程序（第一章，第 10 条至第 29 条）；它规定了消灭时效原则，即有关需要连续占用或开发超过 10 年的土地的问题（第二章，第 30 条至第 38 条）。它定义了物权的具体类型与影响，包括所有权、用益权、使用权、居住权、地表权、地役权、抵押权和租赁权（第三章，第 42 条至第 77 条），其中租赁包括长期租赁、建筑租赁、种植园租赁三类。归属共同所有权下土地与建筑的组织、管理、改善以及监管（第四章，第 78 条至第 111 条）。

第三编涉及土地产权的保护与行政承认 [1]，即关于土地证书与所有权界定，规定土地所有权证书（Certificat de Propriété Foncière）被视为赋予所有者对一块土地完全所有权的唯一法律文件，即该证书的最终和无争议特征（第一章，第 112 条）；它还规定了个人和集体土地所有权确权所需资质与文件、确权的流程与手续，以及确认的影响（第一章，第 113 条至第 144 条）。值得注意的例外包括错误和欺诈。它还规定了不动产权利的公布，包括土地登记册、登记手续、土地所有权证书的汇总与分发、土地登记的信息咨询与沟通（第二章，第 149 条至第 191 条），还规定了确认农村土地规划权利的程序，包含创建农村土地规划的内容与目的、编制程序与管辖范围、土地权利的确认程序（第二章，第 192 条至第 204 条）。值得注意的是，尽管新的土地证书被赋予了

---

① 　Loi N° 2013-001 du 14 janvier 2013 portant code foncier et domanial en République du Bénin, pp.18-35.

土地权利，但居住许可证和销售证书，并未被转换或废除。

第四编规定了对土地征用和所有权限制的合法条款。[①] 公共事业包括道路、铁路网络、医疗保健设施、学校、港口与机场建设、采矿工程、环境保护、能源与供水设施等。农村迫切需要进行必要的基础设施建设。同时，还规定了政府因公共事业征用土地时，应根据征用时土地的价值和相关基础设施情况，向土地所有者提供"充分的补偿"（第二章，第210条至第259条）。该法律还明确规定正常、紧急与临时征用的程序。但是，该法律要求，在上述所有征用情况下，业主都需要提供官方的所有权证明才能获得补偿（第一章，第205条至第209条）。

第五编涉及国家与集体所有的不动产[②]，并确定了管理公共和私人财产的行政程序（第一章至第三章，第260条至第306条）。第四章第307条至第310条提出了个人或社区拥有国家财产的条件和要求。他们必须能够证明他们有改善房产的财务能力。在第五章和第六章第311条至第346条中，定义了保护自然资源（包括水、野生动物和采矿资源）的重要规则和基本原则。

第六编制定了与农村与习惯土地的规定。[③] 首先，规定了该法管辖的范围，包括国家与地方所有的私产（Domaine privé rural），

---

① Loi N° 2013-001 du 14 janvier 2013 portant code foncier et domanial en République du Bénin, pp.35-43.

② Loi N° 2013-001 du 14 janvier 2013 portant code foncier et domanial en République du Bénin, pp.43-55.

③ Loi N° 2013-001 du 14 janvier 2013 portant code foncier et domanial en République du Bénin, pp.55-60.

属于个人、家庭社区和私人法人实体的农村土地（第一章第 347
条至第 350 条）。其次，专门规定私人农村传统土地的相关问题，
包括确认与承认权利、农村土地的划拨和转让、农村土地的开发
和管理，开发和管理又包括种植和开发多年生、一年生或季节性
作物，饲养家畜或野生动物，森林的维护、丰富或建设，农产品、
畜牧业、林业、渔业和任何其他农业活动的储存、加工和销售设
施的建设和运营等（第二章，第 351 条至第 373 条）。

　　第七编涉及土地冲突及其诉讼解决。[①] 首先，规定了土地权利
证明所包括的类型，土地权利证明可以是农村土地证书、确认或
未确认的协议、行政证明、分割或合并期间签发的文件、纳税通
知书、居住许可证、供述、宣誓、推定和见证等（第一章，第 374
条至第 383 条）。其次，关于诉讼，它规定了土地争夺问题的司法
举措、土地冲突解决的办法，以及各层级的管辖权、可受理的条
件以及诉讼程序（第二章，第 375 条至第 415 条）。

　　第八编规定了土地管理与监管的行政体制。[②] 首先，规定了
国家公共与私人土地管理局（Agence nationale du domaine et du
foncier）的法律地位、任务、组织架构与职责（第一章，第 416 条
至第 423 条）。其次，规定了地方土地管理的机构与国家分支机构
的职责与权限，包括土地咨询理事会（Conseil consultatif foncier）
和村镇土地管理委员会（Commission de Gestion Foncière de la

---

① Loi N° 2013-001 du 14 janvier 2013 portant code foncier et domanial en
République du Bénin, pp.61-68.

② Loi N° 2013-001 du 14 janvier 2013 portant code foncier et domanial en
République du Bénin, pp.68-77.

Commune)（第二章，第 424 条至第 430 条）。最后，则详细规定了上述机构在土地产权管理上的义务、职责。

第九编规定违法行为及其相关处罚。[1] 首先，规定与土地权利确权有关的违法行为及其处罚办法（第一章，第 490 条至第 501 条）。其次，涉及与自然资源有关的违法行为及其处罚办法（第二章，第 502 条）。再次，则是对农村土地规划中的违法行为的处罚办法（第三章，第 503 条至第 505 条）。最后，规定了其他的违法行为及其处罚办法（第四章，第 506 条至第 515 条），比如同一地块或不动产的重复发放证书。

第十编包含两个章节[2]，首先规定了过渡时期的相关条款（第一章，第 516 条至第 522 条）。其次是落实 2013 年土地法的最终举措（第二章，第 523 条至第 543 条）。

综上所述，对 2013 年土地法的研究表明：首先，所有权程序、产权确认和国家与土地的土地产权管理是该法律的主题；其次，新条例并没有废除殖民时期和后殖民时期的法令，而只是更新了立法框架，其根源可以追溯到殖民统治；最后，法律在土地交易问题上仍然不明确，因为政府不承担组织土地市场的全部责任。

二、2013 年《国家土地法》的主要创新点

贝宁 2013 年土地法取代了 2007 年的农村土地法，确定了适

---

① Loi N° 2013-001 du 14 janvier 2013 portant code foncier et domanial en République du Bénin, pp.77-80.

② Loi N° 2013-001 du 14 janvier 2013 portant code foncier et domanial en République du Bénin, pp.80-84.

用的基本规则与原则，负责贝宁的国有与私有土地、管理土地与不动产制度的组织与运作方式。这是一个统一与协调现有土地法律文本的法律，其目的在于尝试纠正土地制度的二分法。2013年土地法包括以下几个方面的创新点：土地所有权的调整、土地管理规则与机构的调整以及规范繁荣且无序的土地交易行为。

（一）规范贝宁土地所有权的形式

第一，统一贝宁土地权利。首先，2013年《国家土地法》建立在社会群体间较为一致的共识基础之上。贝宁农民借助自身的农会在2013年8月14日所通过的《国家土地法》中关于农村土地的条款中发挥了主导作用。作为贝宁大部分土地的所有者与管理者，农民一直不断要求获得合法权利，特别是减少乃至消除因为贝宁现存的各种零散的殖民法律文本所造成的一系列不公平与不利之处。2013年《国家土地法》的主要特点之一便是建立在国家与农村利益相关者之间达成共识的基础上，从而避免了少数人代表多数人的垄断性立法情况，因为作为最大从业群体的贝宁农民是受土地制度变迁影响最大的社会群体。其次，在创新方面，2013年《国家土地法》正如其名称所示，既管理包括国家、地方当局以及个人或法人的私有土地，也管理用于公共目的的国有土地。

2013年《国家土地法》对土地所有权及其管理做了重大的改变。首先，2013年土地法对土地所有者的身份进行了明确的区分。实际上，根据第5条，国家领土的持有者仍然是政府。[①]但是，这

---

① Article 5 de la Loi N° 2013-01 du 14 Août 2013 portant code foncier et domanial en République du Bénin, p.1.

并不意味着政府是所有土地的实际持有者。这种方式让人联想起传统农村土地制度的一系列做法。同时，第 5 条的限制性规定也可被视为对国家随意地、单方面地授予或转让土地设置了一道法律障碍。其次，明确物权与产权作为土地管理的条件。作为巩固产权的一种手段，《国家土地法》将确定物权和确认产权作为土地管理的基本条件。贝宁现行的土地制度致力于确认土地权利。有鉴于此，已经建立了确保这一改革的机构。贝宁政府部门支持承认和加强土地所有者的权利。第 4 条对此做了规定："贝宁共和国现行的土地制度是本法第三章规定的土地确权制度。该制度适用于农村、城郊和城市的所有土地，其基础是确认土地权利的抗辩程序，最终颁发土地证。"[①]

第二，引入土地所有权证书取代殖民时期的土地登记制度。《国家土地法》第 145 条规定，"在土地权利确认程序结束时颁发的土地所有权证书赋予持有人对财产的完全所有权"[②]。事实上，作为土地登记的替代办法，土地所有权证采用了简化程序，将土地的完全所有权赋予土地所有者。这一所有权是最终的、不可动摇的。因此，2013 年土地法第 146 条规定："土地所有权证书是最终的，不可推翻的，除非存在欺诈或错误。"[③]需要强调的是，2013 年

---

① Article 4 alinéa 1er de la Loi N° 2013-01 du 14 Août 2013 portant code foncier et domanial en République du Bénin, p.1.

② Article 145 de la Loi N° 2013-01 du 14 Août 2013 portant code foncier et domanial en République du Bénin, p.25.

③ Article 146 de la Loi N° 2013-01 du 14 Août 2013 portant code foncier et domanial en République du Bénin, p.25.

土地法中提到的欺诈行为指，与土地权利登记有关的篡夺身份行为、欺骗他人的欺诈行为、在法院或行政当局存在争议的或可能构成偷窃的欺诈行为。在欺诈的情况下，争议可以通过行政当局的确认或由所受理法院的首席书记官签发的诉讼来证明。受害方必须在发现欺诈行为之日起一年内提出主张土地所有权的诉讼，并且支持根据普通法规则所确定的赔偿与利息。无论如何，任何诉讼时效均在土地所有权证书颁发之日起五年内。

第三，重新肯定习惯法下的土地权利与土地管理机制。首先，习惯法下的土地权利获得保障。根据 2013 年土地法第 5 条第 3 款的规定，"在贝宁共和国，国家拥有国土的目的是……保障自然人、法人实体根据习惯规则获得的财产权"①。第 6 条第 2 款还规定，"国家和地方当局作为普遍利益的保障者，必须……确保根据习惯规则所确立或获得的不动产的物权"②。这两项规定已然表明，习惯法在当代贝宁的土地管理中仍然占据重要地位。因此，土地习惯法获得了与现代土地法同等或相当的效力。事实上，2013 年《国家土地法》承认习惯法有权通过确保和保障当地居民留在当地或传统土地上的权利来管理当地居民的土地所有权。其次，在现代法律意义上以"共同所有权"（La copropriété）来肯定土地集体所有权。2013 年土地法赋予每个贝宁公民确定和承认其土地权的机会，无论基于现代土地权还是基于习惯土地权。新法旨在强化和规范

---

① Article 5 alinéa 3 de la Loi N° 2013-01 du 14 Août 2013 portant code foncier et domanial en République du Bénin, p.2.

② Article 6 alinéa 2 de la Loi N° 2013-01 du 14 Août 2013 portant code foncier et domanial en République du Bénin, p.2.

同一土地或建筑财产的集体所有权框架。2013年新土地法承认贝宁习惯法的一项惯例原则，即集体可拥有土地。土地法修正案允许多人共同拥有同一土地或建筑财产的所有权，并在该法的详细规定下行使这一权利。第78条规定，"本章的规定适用于同一建筑或建筑群，其所有权由数个自然人或者法人依各自分割的地块而享有，其中每个地块由共有部分和自有部分组成"[1]。这种建筑财产的共有权被称为纵向共有权。共有权是立法者为解决城市地区住房危机、合理利用建筑用地以及应对环境、经济和社会协调的一种解决方案。我们看到传统所有权中的集体所有权由该法律中的共同所有权所取代，其具体内容则在第79条至第111条中得到明确规定。因此，这种共同所有权的确立，实际上承认且强化了传统的集体土地所有权。同时，2013年土地法第142条承认社区、家庭和集体的集体所有权，这与殖民时期引进的土地法不同。"集体确认程序向公法法律实体（国家和地方当局）或私法法律实体（公司、协会和家庭团体）开放。"[2]从这个意义上说，曾经被抛弃和遗忘的集体所有权开始正式回归。但是，这次的集体所有权的确认是建立在现代土地法的合法性基础之上。这就意味着重新引入了贝宁自殖民化时代以来，并在政治独立后都一直存在的土地规范二元论。因此，我们可以发现，贝宁土地管理中的规范多元主义并没有完全消失，尽管官方的土地立法是基于现代土地法的，

---

[1]　Article 78 de de la Loi N° 2013-01 du 14 Août 2013 portant code foncier et domanial en République du Bénin, p.12.

[2]　Article 142 de la Loi N° 2013-01 du 14 Août 2013 portant code foncier et domanial en République du Bénin, p.24.

即寻求建立统一完整的土地法。

（二）规范贝宁土地的获取与转让

　　面对目前贝宁土地所有权流失严重以及贝宁人获取土地不公的问题，2013 年《国家土地法》做出一系列重要的保护性规定，特别是应对外国资本抢夺贝宁土地的问题。根据 2013 年《国家土地法》的规定，在贝宁农村地区购买土地仍然只是贝宁国民的特权。尽管这只是贝宁人的特权，但贝宁人在农村地区购买土地也不是毫无法律限制的，必须遵守 2013 年土地法的相关规定。这就意味着，任何贝宁人在农村地区购买土地都不得超过贝宁法律所规定的最高数量。根据 2013 年《国家土地法》第 361 条的规定，贝宁依具体数量区分了三大类土地数量的购买所需要的批准条件。其中，交易土地的面积越大，其所面临的审批条件的差异越大，难度也越来越高。

　　首先，2—20 公顷的农村土地。根据第 361 条规定，"购买 2—20 公顷的农村土地，用于农业、渔业、畜牧业、林业、社会福利、工业，或者根据第 368 条及其后规定的环境保护项目，或者是促进普遍利益的开发项目，必须事先获得社区或市议会的批准"[1]。因此，这一条款最突出的是所购土地必须得到妥善利用这一条件。其次，20—100 公顷的农村土地。"20 公顷以上 100 公顷以下的开发项目由国家国有与私有土地局在听取市议会或社区议会的意见

---

　　[1]　Article 368 et suivant de la Loi N° 2013-01 du 14 Août 2013 portant code foncier et domanial en République du Bénin, p.59.

之后，才可以批准。"① 这些规定很明显是为了保护农村地区的主要行为者，即农民的土地使用权与获得权，避免他们因为土地被抢占或囤积而丧失土地，从而引发一系列的经济与社会冲突。第三，100—500公顷的农村土地。对于面积大于一百且小于或等于五百公顷的土地，征地请求仅在下列条件下才可受理：该项目获得市议会批准；该项目获得了国家国有与私有土地局的支持；该项目获得了负责贝宁土地的部长的批准。三者缺一不可，部长级的批准意味着该面积的土地交易已然涉及国家的整体性利益。第四，超过500公顷的土地开发项目由贝宁部长理事会（Conseil des ministres）批准。第五，根据项目的类型、性质和重要性，在不破坏生态环境的前提下，购买土地的类型、面积等须征求相关部长的意见。在土地管理委员会提出合理意见后，任何土地征用都必须事先获得土地所在社区或市议会的批准。无论如何，土地征用面积不得超过1000公顷。购买土地的累计面积不得超过1000公顷。第365条开头特别强调"任何发展项目都必须确保致力于实现可持续农业、保护生态环境以及保障粮食安全"②。第六，关于土地收购的条件，最重要的是庄园的开发，如果不符合这一条件，庄园主将会受到法律的处罚，土地将应其要求分配给第三方。第368条规定，"以完全所有权获得农村土地，或以习惯法允许的形式持有的农村土地，如果没有按照规定的条件进行开发，则任何自然人或法人

---

① Article 368 et suivant de la Loi N° 2013-01 du 14 Août 2013 portant code foncier et domanial en République du Bénin, p.59.

② Article 365 de la Loi N° 2013-01 du 14 Août 2013 portant code foncier et domanial en République du Bénin, p.59.

都可以按照本法第 372 条的规定提出要求，对其进行农业或牧业开发"[1]。此外，非国民可以在贝宁城市地区购买不动产。这一权利取决于互惠协议或国际协定。对于农村土地，非贝宁国民则禁止购买。但是，非贝宁国民可以通过农村租赁获得农村土地，尤其是长期租赁，租期一般不超过 50 年，且不可续期。他们可以签订商业、建筑、种植园或工业租赁合同。

2013 年土地法对获取土地方式进行了创新。除了继承、捐赠、购买等之外，新的方式则是建筑租赁和种植园租赁。建筑租赁是指承租人承诺在出租人的土地上建造一个或多个建筑，并在整个租赁期内保持良好的状态。租约期满后，建筑物成为出租人的财产。这样，没有能力在自己土地上建房的业主可以用这种方法建房。种植园租赁允许承租人在双方确定的期限内在出租人的地块上种植树木或任何其他约定的植物。这是开发农村土地、保护土地资产的一种非常有效的方式。

此外，由于习惯法不承认时效原则，2013 年土地法规定了消灭时效原则，目的在于减少冲突并促进土地开发。在本法典中，消灭时效是指通过和平、公示、不间断和明确占有 10 年的方式，消灭先前存在的推定所有权。[2] 这一规定强化了所有土地所有者开发其土地的义务。事实上，诉讼时效已从 30 年缩短至 10 年，这使得土地成为一种资产，不能长期搁置而不开展任何活动。因此，

---

[1]　Article 368 de la Loi N° 2013-01 du 14 Août 2013 portant code foncier et domanial en République du Bénin, p.59.

[2]　Article 30 de de la Loi N° 2013-01 du 14 Août 2013 portant code foncier et domanial en République du Bénin, p.8.

土地所有者必须通过定期占用来不断表明自己的存在，以避免失去所有权。2013 年土地法规定了消灭时效原则的范围。第 38 条第 1 款和第 2 款规定："时效不适用于国家和地方当局的公共或私人领域。时效也不适用于有土地所有权证书的不动产或被非法占用的不动产。"①

（三）强化土地管理的制度化

土地权益保障首先是政治与制度问题，反映了国家与公民的发展意愿与意识，并与国家与地方政府系统保障规则实施的能力密切相关。②贝宁选择不依靠现有机构，而是通过制定 2013 年土地法建立新的土地管理制度框架。贝宁在协调各土地管理机构方面迈出了重要一步。在这些机构改革之前，各机构根据各自的土地政策分散管理土地。土地测量机构和测量师经常随心所欲地划分土地和划定边界，不受地方政府和国家的实际控制。因此，在实际的土地管理方面，各机构没有任何协调，各自为政十分严重，造成了土地危机与冲突。

1. 设置一体化的土地管理机构与体系。为执行该法，贝宁成立了一个拥有法律和财政自主权的单一土地机构。该机构的任务是"确保和协调国家一级的土地和财产管理"，即国家不动产与

---

① Article 38 alinéas 1 et 2 de la Loi N° 2013-01 du 14 Août 2013 portant code foncier et domanial en République du Bénin, p.8.

② Amel Benkahla, Aurore Mansion, *Quelles politiques foncières promouvoir pour sécuriser les agricultures familiales en Afrique ?* Les notes de la C2A, Coordination SUD, N° 24, 2016.

土地管理局（Agence nationale du domaine et du foncier）。这意味着贝宁形成了统一的中央管理机构，负责土地法的具体落实与执行。"它现在被视为土地与地产事务的一站式管理机构，与其他同等重要的机构一起发挥重要管理作用。"[1] 这些机构包括土地补偿基金（Fonds de Dédommagement Foncier）、土地咨询委员会（Conseil Consultatif Foncier）以及地方层面的市镇机构，即土地管理委员会（les Commissions de Gestion Foncière）以及城乡土地管理分部（les Structures Urbaines/Villageoises de Gestion Foncière）。2015 年 1 月 29 日颁布的第 2015-010 号法令赋予了该机构多项权力。在此基础上，它依靠部署在全国各地的办事处，确保土地改革的可操作性。

2. 土地酋长权限的制度化。2013 年土地法对土地酋长的权限做出规定。第 352 条第 4 款规定，"根据习惯法管理家庭或个人土地使用的土地酋长，在任何情况下都不得利用其职能要求获得土地权，但根据习惯法个人使用土地所产生的权利除外"[2]。这一规定表明 2013 年的《国有土地法》在某种程度上恢复了传统土地保有制度：一方面是传统的土地管理规范，另一方面是承认土地酋长对土地的管理。

3. 预防土地冲突制度化。2013 年土地法第 384 条规定，国家采取并落实所有必要措施来预防和有效减少农村土地冲突。在农村冲突预防框架内，国家协同所有相关行为体建立并落实所有

---

① Xavier Zola, *La réforme foncière au Bénin pour vous et moi*, Cotonou, AFPI-Prestation 2017, p.37.

② Article 352 alinéa 4 de la Loi N° 2013-01 du 14 Août 2013 portant code foncier et domanial en République du Bénin, p.56.

合理管理与安排的适当措施。① 据此,《城市规划与整治法》(*Le Code de l'Aménagement et de l'urbanisme*) 做了详细的规定。城市土地整合行动由城市土地整合协会(les Associations d'intérêt foncier de remembrement urbain)发起与实施。城市规划文件主要包括《城市规划与整治指导大纲》(*Le Schéma Directeur d'Aménagement et d'Urbanisme*)以及《城市规划指导计划》(*Le Plan Directeur d'Urbanisme*)。负责城市规划的部长在征求城市规划处意见后,可颁发城市规划证书。其次,第 385 条规定,国家同地方政府应采取所有必要措施来确保传统与习俗名流、市民社会以及重要任务在农村冲突的预防中发挥重要作用。② 2013 年土地法允许土地利益相关者参与冲突预防,包括农村土地管理委员会及其下设机构。

(四)土地冲突的法治化

1. 土地冲突的司法解决方案。第一,恢复司法统一。在不动产问题上,公民可以选择将其财产交由现代法或传统法管辖,而登记则是可选项。立法打破了原有的二元性司法体制,设立名为"裁决土地产权事务的民事法庭"的单一法庭。自此,与所有权以及已建或未建不动产的纠纷都属于该法院管辖范围。法院有权裁决与土地有关的所有事项,无论土地是否有所有权证书。任何采取法律行动的公民都可以向处理土地事务的民事法庭提出财产索

---

① Article 352 alinéa 4 de la Loi N° 2013-01 du 14 Août 2013 portant code foncier et domanial en République du Bénin, p.56.

② Article 385 de la Loi N° 2013-01 du 14 Août 2013 portant code foncier et domanial en République du Bénin, p.63.

赔。按规定，只有权利受到侵犯者才能提出诉讼请求，但是由于颁布的农村土地证书具有不可推翻的性质，现在只能提出赔偿诉讼。① 长辈、后代或最直接的旁系亲属对所有权人或推定所有权人提出的异议不再被受理。第二，为解决土地纠纷的法庭裁决具有既判力。总共存在四类诉讼程序：调解诉讼程序、传统民事诉讼程序、现代民事诉讼程序和民事建议诉讼程序。②

针对法院判决缓慢、缺乏说服力的问题，2013 年土地法对此设置了诉讼时限。受理诉讼的法院庭长将在诉讼人向秘书处提交申请后 10 天内，将其诉讼申请分配给负责处理财产问题的民事法庭。收到申请书后，审理该案件的法官可在 48 小时内确定登记日期，但是登记日期不得超过申请书发出后的 30 天。法官应根据分庭书记官的要求传唤诉讼各方。如果发出传票，他还会将传票分发给其中一个分庭。裁定财产权的民事法官既是预审法官，也是审判法官。为此，他像预审法官一样调查案件。当他认为调查已经完成时，他会指示各方在 30 天内以书面形式向他提交对所有调查措施的意见。每一方都应在 15 天内对对方的意见作出答复。如果收到答复，则将其添加到案件卷宗中，或由法官将案件记录在案。③ 在第一次听证后的 15 个月内，法官必须做出裁决，否则将

---

① Jean-Christophe Roda, *Droit et surnaturel*, Paris, LGDJ, 2015, p.112.

② Georges Barnabé Gbago, Joël Aivo [et ali], *Enjeux économiques et environnementaux des maîtrises foncières en Afrique*, Paris, Editions d'Anthemis, 2019, p.145.

③ Georges Barnabé Gbago, Joël Aivo [et ali] , *Enjeux économiques et environnementaux des maîtrises foncières en Afrique*, Paris, Editions d'Anthemis, 2019, p.145.

被处以罚款。

对违规行为进行处罚是很重要的。"最能防止犯罪的不是惩罚的严厉性,而是惩罚的确定性。"[1] 拥有惩罚权的是国家,而国家是根据法律文本进行惩罚的。有罪必罚,因为有罪不罚将造成双重不公:犯罪的不公和拥有处罚权者的不作为的不公。[2] 因此,立法者可以列出土地方面的 25 项罪行[3],并在其后列出对违法行为的处罚,以遵守定罪和处罚的合法性原则。

2. 土地冲突的替代性解决方案。替代性争端解决方案是解决法院拥挤问题的一种补救措施。2013 年土地法提到了调解与友好解决。

第一,调解。调解是习惯法当局在当事方同意的情况下解决冲突的程序。一般而言,在向法院提起诉讼之前,当事方必须首先尝试由主管法院进行调解或友好解决。为此,在每个市镇或特定城市的大区内设置调解法院。调解人提出建议,通过将持不同立场的各方召集在一起,找到解决问题的办法。调解人一般是法官,也是受托的第三方。在贝宁,一般是知名人士,其裁决不具有司法性质。所以调解法庭不是真正的司法机构。调解应遵守国家的调解程序规定。调解成功,调解人起草调解协议书,并送交

---

[1]　Jean-Pierre Mgnant, « Le droit et la coutume dans l'Afrique contemporaine », *Droit & Cultures*, vol.24, N° 2, 2004, p.1.

[2]　Jean-Pierre Mgnant, « Le droit et la coutume dans l'Afrique contemporaine », *Droit & Cultures*, vol.24, N° 2, 2004, p.14.

[3]　Martine Fabre, « Le rôle de la Cour de cassation dans l'élaboration du droit colonial», *Histoire de la justice*, vol.16, N° 1, 2005, p.3.

法院核准并生效。调解不成功，则需起草调解不成功声明，由当事人提交法院。

第二，友好解决。凡是可以和平解决的问题，不要试图通过暴力或诉讼来解决。友好解决冲突可以节省时间和金钱，有利于维护社会团结。在农村地区，各方有义务尽量在庭外解决土地纠纷。根据第 387 条规定，当各方选择友好解决时，他们通过共同协议选择负责与他们解决争端的地方机构或个人。[①] 调解人的调解必须合法、公正。必须有证人在场，如果双方达成协议，则必须起草友好解决的会议记录，其中必须包括细节。调解人起草好的内容应提交所在城市市长，市长在共同见证下传唤当事人及证人，以确定是否同意调解书内容。[②]

第三节 2017年《国家土地法》修正案

2017 年 5 月 26 日，经过贝宁国民议会对 2013 年土地法的部分条款的修改方案的审议后，贝宁国民议会通过了第 2017-15 号法律。2017 年 8 月 10 日，贝宁颁布的第 2017-15 号法律正式生效。2017 年的修改并不是对 2013 年土地法的否定，而是针对 2013 年土地法的缺陷以及实施后所面临的新形势的完善性修改。

---

① Article 387 de la Loi N° 2013-01 du 14 Août 2013 portant code foncier et domanial en République du Bénin, p.63.

② Article 387, 388, 389, 390,391, 392, 393 de la Loi N° 2013-01 du 14 Août 2013 portant code foncier et domanial en République du Bénin, pp.63-64.

一、2013 年贝宁土地法的不足

2013 年 8 月 14 日关于贝宁共和国《国家土地法》的第 2013-01 号法律似乎在其生效的四年中显示出了局限性，鉴于土地管理方面的某些新发展，其中的一些规定已不再适用。为了使其土地使用权制度更加有效，为了使其在西非次区域经济和发展中更具竞争力，2017 年 8 月 10 日第 2017-15 号法律通过对 2013 年 8 月 14 日《国家土地法》的第 2013-01 号法律进行修订和补充，再次进行了一定的创新。从规范多元化的逻辑来看，这部新土地法并不是与之前法律的决裂。第六章"农村土地和传统土地"的规定体现了对传统土地与非传统土地的同等重视。2013 年土地法关于土地所有权证书的欺诈问题难以解决。虽然 2013 年法律规定可以对欺诈所产生的土地所有权证书提出质疑，但是，自土地所有权证书颁发后五年内的诉讼失败率很高。这实际上还是造成了土地的不安全情况。刻意简化手续，以土地所有权证书取代地契，导致一方面存在错误和欺诈，另一方面 5 年期限使得土地所有权证书处于长期不确定之中，造成了真正的不安全。一旦简单的行政证书消除了 5 年的丧失抵押品赎回权，并且只要存在行政或司法索赔，土地所有权证书就不是最终的和无懈可击的。[1]

---

[1] Philippe Lavigne Delville, "History and Political Economy of Land Administration Reform in Benin", in F. Bourguignon, R. Houssa, J.-P. Platteau, & P. Reding (eds.), *Benin Institutional Diagnostic Economic Development and Institutions*, Economic Development and Institutions, 2019, p.40.

二、2017 年《国家土地法》修正案的主要内容

根据第 2017-15 号法律第 2 条的规定，总共对约 60 项条款进行了废除、修改和补充。[①] 其中，2017 年土地法修正案废除了 2013 年土地法的第 16 条和第 501 条。2017 年土地法修正案重新引入地契、增加了对边境地区土地管理制度以及调整了贝宁土地管理制度体系。这三个方面是 2017 年修正案不同于 2013 年土地法的重要之处。

（一）重回地契制度

废除 2013 年新增加的土地所有权证书（Certificat de Propriété Foncière），重新引入地契制度。地契制度可追溯至法国殖民统治时期，并在贝宁独立之后长期内得到延续。只有 2013 年土地法规定，土地所有权证书是土地所有权的证明文件。但是，2017 年土地法修正案，重新将原先的地契制度引入土地法之中，并完全取代了土地法中的土地所有权证书。这在第 4 条、第 7 条、第 22 条、第 125 条、第 138 条、第 139 条、第 140 条、第 141 条、第 144 条、第 145 条、第 146 条、第 147 条、第 148 条、第 151 条、第 152 条、第 158 条、第 159 条、第 161 条、第 166 条、第 171 条、第 172 条、第 175 条、第 176 条、第 178 条、第 182 条、第 183

---

① 　Loi N° 2017-15 modifiant et complétant la Loi N° 2013-01 du 14 août 2013 portant code foncier et domanial en République du Bénin, pp.1-30.

条、第 184 条、第 185 条、第 200 条、第 201 条、第 204 条、第 209 条、第 284 条、第 285 条、第 286 条、第 304 条、第 305 条、第 307 条、第 360 条、第 375 条、第 376 条、第 378 条、第 380 条、第 398 条、第 439 条、第 445 条、第 449 条、第 451 条、第 515 条、第 517 条、第 520 条等均将原先的"土地所有权证书"替换为"地契"。其中第 22 条规定,"在贝宁共和国,唯有地契享有完全的所有权。它赋予产权的所有属性"[1]。与此同时,在获得地契的推定所有权的文件中,2017 年土地法的第 4 条增加了"注册证明、行政证明以及农村土地证明"[2]。

(二)建立边境地区的土地管理制度

第一,贝宁借助 2017 年土地法修正案新增的第 346 条建立起边境地区的土地管理制度。首先,第 346 条共包括 11 款,共计两章。具体而言,第一章包括第 346 条第 1 款至第 5 款,涉及边境地区的国家财产。根据第 1 款规定,贝宁将边界区分为高安全边界带与安全边界带,边界带内拒绝任何私人占有。具体边界地带的确定应由部长理事会根据内政部长的提议并在边境机构的支持下以法令形式确定。[3]第 2 款规定,国家依然进行边境地区的权利

---

① Article 22 de la Loi N° 2017-15 modifiant et complétant la Loi N° 2013-01 du 14 août 2013 portant code foncier et domanial en République du Bénin, p.7.

② Article 4 de la Loi N° 2017-15 modifiant et complétant la Loi N° 2013-01 du 14 août 2013 portant code foncier et domanial en République du Bénin, p.1.

③ Article 346 alinéa 1er de la Loi N° 2017-15 modifiant et complétant la Loi N° 2013-01 du 14 août 2013 portant code foncier et domanial en République du Bénin, p.20.

所有者调查。[1] 第 3 款规定，边境地区的土地属于国家公共财产，并非可出售的私产。[2] 第 4 款规定，边境地区的土地买卖仅可以国家利益为由，禁止以私人利益为由出售。[3] 第 5 款则规定边境地区的土地和不动产属于国家，不受时效限制、不可剥夺和不可扣押。[4] 这些条款为贝宁边境地区土地国有化奠定了基础。其次，第 346 条第 6 款至第 11 款规定了边境地区的开发制度。第 6 款规定，高安全边界带属于国家所有，仅用于国防与安全事务，或者其他公共事业。[5] 第 7 款规定安全边界带优先服务于公共利益。[6] 第 8 款规定边防机关作为规划开发主体确保边防安全地带的土地合理利

---

① Article 346 alinéa 2nd de la Loi N° 2017-15 modifiant et complétant la Loi N° 2013-01 du 14 août 2013 portant code foncier et domanial en République du Bénin, p.20.

② Article 346 alinéa 3ème de la Loi N° 2017-15 modifiant et complétant la Loi N° 2013-01 du 14 août 2013 portant code foncier et domanial en République du Bénin, p.20.

③ Article 346 alinéa 4ème de la Loi N° 2017-15 modifiant et complétant la Loi N° 2013-01 du 14 août 2013 portant code foncier et domanial en République du Bénin, p.21.

④ Article 346 alinéa 5ème de la Loi N° 2017-15 modifiant et complétant la Loi N° 2013-01 du 14 août 2013 portant code foncier et domanial en République du Bénin, p.21.

⑤ Article 346 alinéa 6ème de la Loi N° 2017-15 modifiant et complétant la Loi N° 2013-01 du 14 août 2013 portant code foncier et domanial en République du Bénin, p.21.

⑥ Article 346 alinéa 7ème de la Loi N° 2017-15 modifiant et complétant la Loi N° 2013-01 du 14 août 2013 portant code foncier et domanial en République du Bénin, p.21.

用。^①第 9 款规定边境安全带的土地与不动产的公共建筑物可依法允许个人进行占用和享有，但是这种占用授权必须经过内政部长以及边境管理机构批准（第 10 款）。^②第 11 款则规定外国人不得占用边境安全地带的土地与不动产。^③

第二，贝宁借助 2017 年土地法修正案新增的第 522 条建立起边境地区的土地征用的赔偿制度。^④首先，根据第 522 条规定，位于边境地区的个人所有的土地和不动产依照法律宣布为公共事业。普通民众依照法律享有补偿，而且补偿没有任何时间限制。其次，2017 年土地法修正案生效后，边境地区任何性质的交易、转让或改建，以及建筑物、种植业、各种设施等均不会得到任何补偿。再次，边境地区按照习惯法取得的土地权利，其享有者应在两年内向边境地区管理报告，国家依照第 522 条第 2 款给予必要的补偿。^⑤最后，边境地区不得再进行个人土地确权、不得再进行个人

---

① Article 346 alinéa 8ème de la Loi N° 2017-15 modifiant et complétant la Loi N° 2013-01 du 14 août 2013 portant code foncier et domanial en République du Bénin, p.21.

② Article 346 alinéa 9ème, 10ème de la Loi N° 2017-15 modifiant et complétant la Loi N° 2013-01 du 14 août 2013 portant code foncier et domanial en République du Bénin, p.21.

③ Article 346 alinéa 11ème de la Loi N° 2017-15 modifiant et complétant la Loi N° 2013-01 du 14 août 2013 portant code foncier et domanial en République du Bénin, p.21.

④ Article 352 de la Loi N° 2017-15 modifiant et complétant la Loi N° 2013-01 du 14 août 2013 portant code foncier et domanial en République du Bénin, p.22.

⑤ Article 352 alinéa 2nd de la Loi N° 2017-15 modifiant et complétant la Loi N° 2013-01 du 14 août 2013 portant code foncier et domanial en République du Bénin, p.22.

不动产的确权、不得实施农村土地规划等。而且，边境地区地块
的地籍仅能由国家代表。

（三）强化贝宁土地管理制度的统一化

首先，从贝宁土地法律区域化角度而言，2017 年土地法第 7
条增加了非洲商法统一组织^①（Organisation pour l'Harmonisation en
Afrique du Droit des Affaires）的相关内容，这为贝宁土地法同西非
地区的土地法律接轨奠定了一定的基础。其次，调整了贝宁土地
管理制度体系，强化了政府的中央集权趋势。新增第 196 条规定，
国家国有与私有土地局可以给任何公法法人或私法法人授权。授
权方式由部长理事会依据法令确定。第 305 条将土地管理委员会
的权限范围改为村内与市镇，大城市各区不再包括在内。^②第 425
条规定，将原先的大学代表改为贝宁市镇国家联合会的代表。这
降低了社会对于土地登记制度的影响。^③第 428 条规定，土地管理
委员会由原先只涉及农村地区，现在也囊括了城市与城郊地区，
专设下属土地管理城区分委会负责，分委会的人员由部长理事会

---

①　Article 7 de la Loi N° 2017-15 modifiant et complétant la Loi N° 2013-01 du
14 août 2013 portant code foncier et domanial en République du Bénin, p.2.

②　Article 305 de la Loi N° 2017-15 modifiant et complétant la Loi N° 2013-01
du 14 août 2013 portant code foncier et domanial en République du Bénin, pp.19-
20.

③　Article 425 de la Loi N° 2017-15 modifiant et complétant la Loi N° 2013-01
du 14 août 2013 portant code foncier et domanial en République du Bénin, p.25.

任命。① 第三，增进保障受害者权益的举措。第 238 条将剥夺所有权的赔偿由原来的简要诉讼程序改为紧急诉讼程序，以确保受害者的权益。② 同时，第 240 条规定，将原来法院要求的三位专家改为一位专家，意在降低难度与成本。③ 根据第 416 条规定，国家公有与私有土地局隶属于财政部。这为土地登记制度提供了更为有效的财政保障。④ 第 380 条规定，法官将居住许可证改为真正所有权的例外条款，即第 112 条第 3 款规定。第 400 条新增转让证书的形式，包括民事、商业、社会、行政和会计等法律程序所要求的。⑤ 第 520 条规定，在 2017 年土地法修正案生效前，农村土地证书转变为地契需要满足 2013 年土地法第 116 条规定。

三、2017 年土地法修正案的创新

2017 年的土地法修正案，即 2017 年 8 月 10 日颁布的第 2017-15 号法律对 2013 年 8 月 14 日颁布的关于贝宁共和国《国家土地法》的第 2013-01 号法律进行了修订和补充。这些改革包括国家土

---

① Article 428 de la Loi N° 2017-15 modifiant et complétant la Loi N° 2013-01 du 14 août 2013 portant code foncier et domanial en République du Bénin, p.25.

② Article 238 de la Loi N° 2017-15 modifiant et complétant la Loi N° 2013-01 du 14 août 2013 portant code foncier et domanial en République du Bénin, p.18.

③ Article 240 de la Loi N° 2017-15 modifiant et complétant la Loi N° 2013-01 du 14 août 2013 portant code foncier et domanial en République du Bénin, p.18.

④ Article 416 de la Loi N° 2017-15 modifiant et complétant la Loi N° 2013-01 du 14 août 2013 portant code foncier et domanial en République du Bénin, p.25.

⑤ Article 400 de la Loi N° 2017-15 modifiant et complétant la Loi N° 2013-01 du 14 août 2013 portant code foncier et domanial en République du Bénin, p.24.

地登记的非物质化、传统土地权利的正规化，以及建立新的土地管理制度框架。

首先，国家土地登记的数字化。长期以来，贝宁一直使用纸绘方式记录已建和未建房产的土地地形图。随着改革的进行，尤其是各种管理机构的建立，土地登记逐步从原有的传统纸绘法向现代信息数字化转变。2019 年 4 月 9 日，在贝宁财政部的经济支持下，国家土地管理局同住房与城市规划部合作，建设一个线上数字化土地登记系统。数字化土地登记系统建立在国家土地管理局长期收集与处理同土地相关的数据和信息的基础之上。2017 年土地法修正案第 7 条定义了与土地有关的技术术语，防止有人鱼目混珠。根据该条的规定，地籍是"一套全国或地方范围内的制图和文字文件，前者包含图形信息，后者附有与单个地块相关的信息"[1]。在收集数据的过程中，国家土地管理局得到了实际负责土地管理的工作人员的帮助。这些机构包括国家地理研究所（Institut Géographique National）、市政厅以及地形公司、测量员和专家。根据政府网站上的数据，约有 4.7 万份土地所有权文件已经数字化。"从根本上讲，土地不再仅仅被视为商业资产，而是社会凝聚力和经济促进的工具。"[2] 总之，虽然土地登记改革依然不够彻底，但它已成为减少甚至消除城乡土地冲突的有效手段之一，也是确保社会和谐与安宁的重要工具。

---

① Article 7 de la Loi N° 2017-15 du 10 Août 2017 modifiant et complétant la Loi N° 2013-01 du 14 Août 2013 portant code foncier et domanial, p.2.

② Xavier Zola, *La réforme foncière au Bénin pour vous et moi*, Cotonou, AFPI-Prestation 2017, p.23.

其次，2017年新土地法既肯定了习惯法下的土地权利，也打破了原国有土地的相关规定。第一，继续推动习惯土地权利的正式化。"当代贝宁农村土地制度始于法国殖民统治时期，并在贝宁独立后的历次土地改革方案的基础上形成的所有土地改革方案"。①习惯制度的主要特征是口头性。在前殖民时期，非洲法律通过口耳相传代代传承下去。法国殖民统治导致了新的习惯法的形成，以《达荷美习惯法》为例。独立后，贝宁继续沿袭了殖民统治所规定的土地等级制度，强调土地持有的书面证据，习惯土地制度并不被官方所正式承认。时至今日，习惯法框架下的土地制度依然在广大农村地区运行。因此，根据2017年土地法修正案第354条第2款规定，"这些以书面形式或正式确定的权利可以在村镇土地管理部门登记"②。因此，新土地法使得习惯土地权利的正式化成为法定事实。该法律进一步促进了习惯权利从口头形式向书面形式的转变，并且将村镇级别的土地管理部门正式化。这是因为，在贝宁农村地区，即贝宁的大多数地区，习惯法的使用仍然十分活跃，受到贝宁多数农民的强烈认可与支持。当然，这样的习惯权利的正式化仍未完成，需要进一步努力。

第二，打破所有权推定。"贝宁（即2017年土地法修正案）

---

① Georges Barnabé Gbago, Frédéric Joël Aivo [et ali], *Enjeux économiques et environnementaux des maîtrises foncières en Afrique*, Paris, Editions D'Anthemis, 2019, p.144.

② Article 354 aliéa 2 de la Loi N° 2017-15 du 10 Août 2017 modifiant et complétant la Loi N° 2013-01 du 14 Août 2013 portant code foncier et domanial, p.22.

打破了对未登记土地所有权的推定，从而为法律承认地方或习惯权利铺平了道路"[1]。习惯权利能否正式化与所有权推定问题密切相关。习惯土地权利通过土地的主要或率先占有这一传统机制来维持所有权推定。也就是说，根据习惯土地制度，农村和城市周边地区的习惯土地所有权不需要办理任何手续，这是土地所有权推定归属者的合法来源。但是，根据殖民时期以及后殖民时期的土地法，只要不在国家进行土地登记，国家有权将其视为国有土地。但是，随着习惯土地权利的正式化，这种国家所有权推定已经消失或正在消失。2007年10月16日关于贝宁共和国农村土地使用权的第2007-03号法律设立了"农村土地证书"，证明了"根据习俗或地方规范和惯例确立或获得的权利"[2]。打破所有权推定是贝宁目前有力保护财产权的重要方面。

第四节　贝宁《国家土地法》的不足

尽管贝宁通过土地立法对其土地制度进行了各种重要改革，

---

[1]　Jean Aholou, *La réforme du droit foncier rural dans les États membres de l'Union économique et monétaire ouest africaine: Tendances et limites. Cas du Bénin, du Burkina-Faso, de la Côte d'Ivoire, du Niger et du Sénégal*, Thèse de doctorat, Université d'Abomey-Calavi (Bénin) , 2018, p.92.

[2]　Jean Aholou, *La réforme du droit foncier rural dans les États membres de l'Union économique et monétaire ouest africaine: Tendances et limites. Cas du Bénin, du Burkina-Faso, de la Côte d'Ivoire, du Niger et du Sénégal*, Thèse de doctorat, Université d'Abomey-Calavi (Bénin) , 2018, p.92.

但是，我们仍然可以发现很多不足之处。"国家成文土地法在非洲实施过程中遇到的困难在很大程度上在于该法忽视了非洲土地法的文化特征。"① 也就是说，贝宁土地立法中存在着盲目照搬西方土地制度的做法。实际上，这些西方的做法既不能被普通贝宁人所理解与掌握，也没有被贝宁的政治精英（即立法者）所深入地理解。这种盲目照搬的法律往往依赖于强制执行，但执行过程又出现了一系列棘手且复杂的困境，执行也常常是不充分的。这本身既源自土地法所存在的内在缺陷，也源自贝宁土地法制定与实施所依赖的社会经济条件。

一、贝宁土地法内在的不足

贝宁新土地法仍然存在着难以克服的缺陷，仍没有真正适应非洲的历史、文化与现实。具体而言，主要涉及土地登记的目的、法律规定的二元性标准以及数字化土地登记的地域范围。

（一）登记程序的结果出现倒退

2017年土地法修正案第7条将登记定义为"一种公共程序，根据该程序，所有权的主要物理特征是将一个序列号（登记号）记录在被称为土地登记册的特别登记簿中"②。和独立初期一样，

---

① Henry Hagen [et al.], *Des anciens et des nouveaux droits fonciers dans leur contexte culturel*, 32ème Symposium International FESF Strasbourg, op.cit., p.171.

② Article 7 de la Loi N° 2017-15 du 10 Août 2017 modifiant et complétant la Loi N° 2013-01 du 14 Août 2013 portant Code foncier et domanial, p.1.

1965 年贝宁再次沿用了殖民时期所建立的土地登记制度，这是对原有法国式托伦斯制度的简单模仿。但是，土地登记制度在独立后一段时间内都不是必需的，而是选择性的。再加上原有土地登记制度所需要的土地登记程序依然冗长、费用高昂等困境。因此，贝宁普通人仍然对这一程序望而却步。2013 年《国家土地法》生效后，土地登记制度变得不可或缺，是确认土地权利的必要组成部分。但是，土地登记程序不仅符合 2013 年贝宁《国家土地法》的要求，也符合非洲商法统一组织的法律（Droit de l'Organisation pour l'Harmonisation en Afrique du Droit des Affaires）的要求。即权利人有权获得成为土地完全所有权的证书，除非另有规定。只有已经登记的不动产才能抵押，包括：（1）已建或未建的土地以及对其进行的任何改良或建造，但作为附属物的动产除外；（2）按照缔约国规则正式登记的不动产物权。然而，2017 年土地法修正案并未遵循相同的逻辑，用以描述农村土地登记后所使用的"土地持有证书"（Certificat de Détention Foncière）一词已被删除，取而代之的是另一个法律词汇，即地契。这意味着又背离了非洲商法统一组织的地区法律，重新回到了殖民时代所确立的地契制度，也回到了所谓替代范式主导的完全私有化的道路上。

但是，将习惯土地权利完全正式化，即地契才是唯一的真正所有权证书，这并不必然满足社会经济发展诉求以及人们的愿望。尽管，从理论上以及长期来看，地契赋予贝宁人诸多好处。比如，它允许贝宁人从金融机构获得信贷，确保投资以及转让无风险，还有助于保持社会稳定。但是，上述这些好处不一定合乎贝宁人的需求。在中短期内，可以预料到农民关于地契的需求是有限的。

首先，考虑到贝宁农业生产类型，抵押获得贷款并不是贝宁农村人的常见偏好。其次，面对贝宁银行高贷款利率的情况，贝宁人更倾向于组团从小额贷款机构获得贷款。再次，不管是个人土地还是集体土地，只有在转让之际才会要求确立产权。因此，一般情况下，个人或集体这样的诉求都不是很高。特别是集体共有土地，只要不出现分割或转让的需求，集体不会认为有必要进行确认权利。通常进行交易之前，人们更倾向于选择较为简单的证书，比如农村土地证书，甚至只确认合同，而不是考虑进行土地登记。最后，在很多贝宁人看来，这个土地登记制度所确立的完全土地所有权实际上是为投资者所量身定做的，这允许他们可以轻松地获取土地资源，而农民却需要承受高昂的土地成本。因此，这被视为土地掠夺的一种，而非保护。甚至对于城镇的低收入人口也是如此。从供给端来看，地契确立需要的程序仍然十分冗长、复杂且费用高昂。尽管贝宁试图简化程序，并建立起一个连贯、透明、可信和统一的机构。但是，贝宁的行政机构面临着物力、人力和财力不足的问题，这导致公共服务效率十分低下。贝宁土地登记机构主要是在省级，有时扩展至市镇一级。但是，这些机构所能利用的手段非常有限。而且，当地居民前往登记处的距离始终是一个大的障碍。

（二）贝宁土地制度二元性依旧存在

贝宁有关土地的各种法律是由一些零散的文本组成的。其中一些是殖民时期的法律，受到西方土地管理理念的启发。而另一些则是贝宁立法者在独立后起草的。这些文本散见于各种法律中，与有关土地保有权的传统法律并存，更不用说习惯规则和国家法律所产生的某种混合性了。"尽管从几个世纪前开始，某些社会阶层就开始西化，居民也开始受外来宗教影响，但这种传统信仰依然存在。其表现形式甚至有所复苏。"[1] "尽管有明显的变革愿望，但其他国家仍保留殖民者采用的规则，承认或容忍某些法律领域的多元化。"[2]

如今，经 2017 年 8 月 10 日第 2017-15 号法律修订和补充的 2013 年《国家土地法》对 2013 年 8 月 14 日关于《国家土地法》的第 2013-01 号法律进行了修订和补充，解决了这一问题，并提出了补救办法。因此，某些与土地管理有关的习惯条款已被纳入《国家土地法》。因此，土地管理中存在的二元论已经从非正式走向正式。应该指出的是，"国家土地立法只适用于国家领土的极小部分，由少数人执行。但在发生争端时，可以强制执行"[3]。这足以证明人们对传统习俗的重视，而不一定是那些已被纳入官方习俗法的传统习俗；并非所有的习惯规则都出现在官方习俗法中。因此，土地使用权规则的二元性问题依然存在。法律的二元性并没有完全消失，但由于贝宁立法者考虑到了某些传统规则，二元性有所减弱。经过几年的努力，立法者肯定已经意识到，尽管采取了消除习惯

---

① Jean-Christophe Roda, *Droit et surnaturel*, Paris, LGDJ, 2015, p.137.

② Charles Ntampaka, *Introduction aux systèmes juridiques africains*, Namur, Presses universitaires de Namur, 2005, p.96.

③ Henry Hagen [et al.], *Des anciens et des nouveaux droits fonciers dans leur contexte culturel*, 32ème Symposium International FESF Strasbourg, Peter Lang, 2004, p.171.

法的措施，但习惯法仍然存在，并将永远存在。然而，我们注意到，《国家土地法》在实施阶段仍存在这种法律二元论。因此，"还值得注意的是，《国家土地法》包含立即适用的条款和过渡性条款。过渡性条款的双重性质或多或少地推迟了《准则》的实施，并使其复杂化。旧规则继续适用，不利于新规则的应用，而"新规则本应加快诉讼程序"①。《国家土地法》中的二元论不仅涉及所谓的非正式习惯规则和国家规则的并存，还涉及已被废除但人民仍在继续适用的条款。这也就不难理解，贝宁政府为何决定引入一个过渡期，以帮助普及新土地法，并确保其为当地民众所接受。这样，随着时间的推移，被废除的条款将不再被民众采用，并将永远消失。除了规范上的二元论，二元论还延伸到了土地管理的其他领域。在这方面，"土地保有权方面的法律二元论导致了贝宁土地保有权诉讼程序的二元论"②。

（三）数字化土地登记的问题

贝宁土地改革中的土地登记是土地法现代化不可或缺的重要工具。新的《国家土地法》进行了工具的创新，即数字化。可喜的是，现在土地登记册已实现计算机化，其中的数据不会因时间

---

① Georges Barnabé Gbago, Frédéric Joël Aivo [et ali], *Enjeux économiques et environnementaux des maîtrises foncières en Afrique*, Paris, Editions d'Anthemis, 2019, p.204.

② Georges Barnabé Gbago, Frédéric Joël Aivo [et ali], *Enjeux économiques et environnementaux des maîtrises foncières en Afrique*, Paris, Editions d'Anthemis, 2019, p.204.

流逝或天气变化而变质或丢失。然而，这并非一个成功。土地登记簿本应焕然一新，成为贝宁现代土地管理的决定性因素，但人们对土地登记簿寄予的希望正在逐渐破灭。尽管根据上述法律设立了土地登记处，但像土地登记处这样一个重要的土地测绘机构却没有发挥作用，这对于新的《国家土地法》的正确实施不是一个好兆头。土地登记簿并没有达到预期目标。根据政府在其官方网站上提供的信息，地籍只覆盖全国领土的 16.5%。对于这个比例，我们想到的问题是，负责土地管理的机构是否有数据来完成土地登记的数字化工作。目前，应该指出的是，缺乏这些数据确实影响了该法的实施，而 2009 年 5 月 22 日关于贝宁共和国个人数据保护的第 2009-09 号法律应该有助于该法的实施。

（四）土地冲突争端解决困境

从习惯调解到法律解决冲突是任何社会所固有的。非洲的法律充满了宗教仪式、超自然现象以及传统习俗和惯例，"非洲法官经常想知道如何确定法律和宗教在他要适用的规则中所占的比例"[1]。随着新数据或新司法概念的融入，贝宁社会的司法特点变得更加复杂。当代贝宁农村和城市地区的土地纠纷都在快速增加。应当指出的是，贝宁法院审理的大多数法律案件都与土地有关。为了改变这种状况，贝宁立法者将殖民前和殖民时期的因素结合起来，将现代标准纳入土地纠纷的解决方式中。因此，解决土地

---

[1]　Charles Ntampaka, *Introduction aux systèmes juridiques africains*, Namur, Presses universitaires de Namur, 2005, p.2.

纠纷的程序倾向于地方一级的友好解决和调解，也允许诉诸法院。

首先，诉诸解决土地纠纷的替代机制。非洲人民有自己的方法和机制来处理社会中出现的各种冲突，其中包括由各种因素引起的土地争端。这种解决土地争端的前殖民时期的传统模式在当代非洲社会，特别是在贝宁是不可或缺的。这种解决非洲社会冲突的机制是一种原始和内在传统的结果，曾一度遭到宗主国的摒弃和破坏，但在贝宁社会仍在适用，因为它似乎更适合当地的现实情况，特别是冲突。贝宁法律明确承认地方领导人（如国王）和地方民选代表（如居民代表）在友好解决土地纠纷中的作用。根据贝宁《国家土地法》第 387 条的规定，"当争端各方选择友好解决时，他们通过协商选择负责友好解决争端的地方机构或个人"[1]。贝宁的司法系统现在以合法和正式的方式让地方酋长和传统或习惯司法参与土地纠纷的管理。不得不说，殖民者引入的现代冲突解决机制已经显示出其局限性，不适合贝宁的冲突管理理念。"以任何其他文件（买卖合同，无论是否得到确认或登记，解除合同，名誉声明）为依据而引起的纠纷并不少见。"[2] 大多数冲突往往涉及非正式土地买卖引起的所有权纠纷，或是引起邻里纠纷的庄园边界争端。在所有情况下，"界定财产轮廓的周边划界是争论的主要焦点和争端的根源"[3]。土地纠纷的另一个重要原因是围绕公有

---

[1] Article 387 de la Loi N° 2013-01 du 14 Août 2013 portant Code foncier et domanial en République du Bénin, p. 63.

[2] Charles Ntampaka, *Introduction aux systèmes juridiques africains*, Presses universitaires de Namur, 2005, p.2.

[3] Charles Ntampaka, *Introduction aux systèmes juridiques africains*, Presses universitaires de Namur, 2005, p.50.

土地的争吵。在这一层面上，我们正在从社区土地共同所有转向一种未得到社区全体成员认可的土地权利分配形式，因为家庭和社区等村庄实体的集体土地仍然通过每个成员共同行使权利。

其次，建立了有关土地纠纷和习惯规则的现代法律框架。2002 年 8 月 27 日关于贝宁共和国司法组织的第 2001-37 号法律加强了贝宁实在法中的规范多元化程度。该法规定在贝宁所有市镇设立司法调解机构，并在具有特殊地位的市镇（即波多诺伏、科托努和帕拉库）的行政区设立特别法庭。"调解法院隶属于司法部。它由初审法院院长监督。它定期接受检查，尤其是在初审法院的流动法庭审理期间，并且必须向上诉法院院长提交报告。"① 现代贝宁法律制度的多元化是贝宁国家废除、颁布和通过新规则的结果。

现在，习惯法在贝宁法律中日益受到重视，不过仍只属于调解法庭的管辖范围。2002 年 8 月 27 日第 2001-37 号法律规定了调解法庭的权力和责任。"除了法律规定的例外情况，调解法庭对所有事项都有管辖权，特别是现代民事和刑事事项、个人劳资纠纷和个人身份问题。"② 调解法庭以知名人士和所有其他品行端正的人为主要组成者，友好解决和调解提交给调解法庭的各类争端。不过，这些调解的最终裁决不是司法裁决，参与裁决的人也不被视为职业法官。因此，调解法庭在审理案件时所遵循的程序与初审法院传统法庭的程序相同。同样，为了尊重贝宁前殖民时期实行

---

① Article 34 alinéa 1er de la Loi N° 2001-37 du 27 Août 2002 portant organisation judiciaire en République du Bénin, p.7.

② Article 26 alinéa 1er de la Loi N° 2001-37 du 27 Août 2002 portant organisation judiciaire en République du Bénin, p.6.

的传统或习惯司法的特点，也为了更贴近以文盲为主的农村居民，不能使用法语的当事人和证人有权选择使用国家承认的语言，而且国家有义务提供公正的口译员进行语言协助。调解法院非常活跃，在财产纠纷领域，调解法院最常被要求寻求调解解决方案，土地纠纷经常被提交给调解法院。

此外，每个初审法院和上诉法院都设有传统法律分庭，这加强了法律的二元性。"在初审法院和上诉法院一级，当法院就传统法律问题做出裁决时，治安法官（职业法官和公务员）会得到一到两名襄审官以顾问身份提供的协助。与调解法庭的成员一样，这些襄审官也是知名人士。他们必须熟悉双方的习俗，因为他们的作用是向专业法官提供信息，而专业法官必须根据双方的习俗做出决定。未登记的土地也将继续由传统法庭适用的习惯规则管辖。在上诉时，由上诉法院的传统法庭继续审理这些案件。"[①] 总之，尽管立法和法律规定允许将习惯法纳入贝宁的司法和法律机制，但传统法的干预范围显然是非常有限的，限制了其应审理的案件范围。有非常具体的条款提到了这一限制，并赋予国家法律处理这些领域的特权，刑事犯罪也是如此。此外，为了阐明贝宁的多元化规范体系，当代贝宁法院和法庭在一些具体案例判决中援引了一些传统习俗规定，尽管这些传统规定未被纳入国家法律体系。2013 年土地法限制单个购买者累计购买超过 1000 公顷的土地，这排除了一些人获得土地的可能性。但是，仍能够找到相应

---

　　① Gilles Badet, *Justice pénale traditionnelle et droits de l'homme : Quelques réflexions autour d'une décision de la cour constitutionnelle du Bénin*, Open Society Institute Africa Governance Monitoring & Advocacy Project, 2005, p.5.

的办法来实现。土地法依然允许外国公司收购农村土地。长期租赁方式依然可行。但是这并不能使普通农民受益，投资也不会使所在国受益。因为这些公司雇用的农民薪水很低，而产品则出口到投资者的原籍国。

二、贝宁新土地法实施条件的不确定性

尽管贝宁新土地法在法律规范层面进行了诸多适应性创新，但是这部新法律的效用与效力仍然存在着诸多不确定性。除了法律本身存在的不足，很多现实性因素也大大限制了这部法律的实施，比如改革资金始终有限的问题、实施机构本身的权限不清与资质有限的问题等。而且，这些问题并不是短时间内能够得到有效解决的。具体而言如下：

首先，实施改革的资金不确定性问题。非洲"资源匮乏"，需要外部援助。但是，西方援助伙伴都有自己的管理体系，并试图通过提供补贴、捐赠和技术支持将其理念与体制强加给非洲受益国。所谓的支持实际上掩盖了这些参与者的地缘经济与政治利益诉求。贝宁的土地改革是依照在国际金融机构支持及其所划定的时间表进行的。财政机遇来自美国政府支持的"千年挑战账户"项目的大笔拨款，20世纪90年代和21世纪初则来自欧盟国家的资助。贝宁未来的土地改革充满挑战，所以必须寻求可持续发展来确保土地改革的不断进行。

从内部来看，资源具有随机性，且不规范，也不可持续。依靠这些资源来管理一个机构是有害的，因为"短期资源无法为长期提供资金"。至于国家补贴和补助金，可以从权力下放背景下的市镇

经验中得到启发。就市镇的份额而言，它们的大部分收入都被削减了，因此必须努力确保其财政自主权。从长远来看，国家预算和地方当局都难以承受这笔资金。从外部来看，法语国家虽然受到重视，但是这种援助越来越有限。提供资金的条件非常严格，达不到目标可能导致资金被取消，马达加斯加的情况就是如此。全球金融危机导致捐助方的国家预算受到限制，使外部资金变得不可预测和不确定。由于不能再完全依赖于贸易伙伴关系来为发展项目提供资金，因此需要制定其他战略来筹集永久性资源。

其次，机构阻力和监督的不确定性。"不稳定是安全的敌人。"非洲大陆容易出现政治不稳定，这是国家内部许多功能失调的根源。非洲国家政治制度和发展计划的设计很容易受到国际机构和贸易伙伴的影响。第三方对政府计划设计的干预导致了不切实际的选择。这可从贝宁土地制度改革案例得到例证。数十年来，在贝宁，现代与传统土地管理体制并存，两者之间缺乏真正的兼容性。在农村地区，交易根据习惯法进行，因为传统土地优先。在城市地区，土地所有权是在登记程序之后授予的，而登记程序几乎没有得到发展。这就形成了一种普遍不安全的局面：习惯法并不精确，而现代法律也因转让未登记而过时。自上而下的所有权管理已显示出其局限性；有必要通过颁布农村土地证书，由农村土地绘图计划来确认当地的传统土地权，但是这一步刚刚迈出，就很快遭到了贝宁城乡统一土地制度内外支持者的质疑与反对。

同时，土地管理由多个分散的行政机构负责，它们之间缺乏真正的协调。土地制度的改革涉及多个部委，其举措各不相同。农村土地法昙花一现的胜利使农业部得以将农村土地作为其专属领地。但是，城市规划与住房部并不打算放弃对城市和城郊土地的控制权。任何改革都离不开负责监督地方政府的地方治理与分权部门。"千年挑战账户"的加入有利于城市规划与住房部，因为该部门支持登记制度。后来由于部委改组，这项改革的监督权被分配给了反海岸线后退、土地改革、住房与城市规划部（Ministère de l'Urbanisme, de l'Habitat, de la Réforme Foncière et de la Lutte contre l'Erosion Côtière），它对农业部在农村地区的土地证书提出质疑。在贝宁漫长的土地制度改革进程中，国家机构管理架构常常引发争议。2013 年 8 月 14 日颁布的第 2013-01 号法律第 416 条将监督权授予了财政部（Ministère des Finances）；关于国家土地开发基金的组织、权力和运作的法令将监督权移交给了财政与经济部（Ministère de l'Economie et des Finances du Bénin）。值得注意的是，部委的名称可能会因合并、划分、创建或废除而发生变化。这种不稳定性是由多种因素造成的，其中包括设立的机构在权力方面往往互不相容、政治方案相互矛盾、政治和经济功能失调、治理不善、预算受限、部门不平等等。从理论来看，促进没有腐败的良性治理可以带来稳定。促进和激励良好的经济表现，并辅之以因地制宜、切合实际的方案设计，将有助于发展方案所涉结构的稳定。通过制定具有非洲特色的法律，非洲国家的主权将得到有效维护。

结　论

　　作为国家制度的一部分，土地制度只有根植于自身的历史文化、回应自身的内在需求才能真正运转良好。盲目照抄照搬其他国家的或者一味守旧重返过去都是不可取的。对贝宁的历史研究显示，贝宁王国有着存续长久且发达的土地制度。贝宁传统土地制度有着完全不同于欧洲的特征，与非洲大多数国家有着很多共同之处。贝宁土地上生活着来自西非不同地区的二十多个族群。这些族群在经济社会交流与发展过程中形成了各具特色的社会结构。人们对非洲土地制度的理解离不开对这一各具特色社会结构的理解。在非洲社会中，孤立的个人是没有价值的，所有的活动和所有的决策只有在特定的社区内才有真正的价值。作为处理人与自然（土地）以及人与人之间关系的土地的使用与管理自然也离不开这一基本的原则，并成为这一特定原则的主要焦点，因为土地是非洲社会最重要的生存资源之一，同时也是具有社会公共属性与神圣禁忌属性的资源。为了确保这一制度和社会结构的正常运行，非洲社会形成了一个传统或习惯土地制度，用以规范非洲社会的土地使用。

　　非洲传统土地制度具备神圣属性、集体属性和不可转让属性。首先，非洲土地的神圣属性。前殖民时期，非洲社会普遍存在至高神崇拜或至高神之下的多神信仰。非洲土地被视为至高神的创造物，包括土地、空气和海洋之内的资源都被视为神赐之物，并不是人类的所有之物。这在贝宁社会不同族群内通过不同神明与土地的关系得以体现。与此同时，土地作为埋葬非洲人先祖的场所，因为非洲人的祖先崇拜信仰，祖先被视为现世人同神明之间的桥梁，因此土地也被视为祖先的一部分。其次，非洲土地具备集体属性。在前殖民时期，非洲土地既属于过去的人，也属于现世的人，也属于未来尚未出世的人。非洲土地的集体属性除了与上述的至高神崇拜以及祖先崇拜有关之外，祖先崇拜背后还隐含着土地的最初占有及其后续衍生的一系列权利，是源自初代先人的刀耕火种以及持续两代以上的土地开发，否则后代并不具备享有这一土地的权利。而且这也是非洲农业发展水平的具体体现。由于非洲农业相对较低的土地利用与开发水平，集体劳作是非洲人开发与利用土地的必然选择，很显然在非洲孤立的个体并没有办法单独开发一块土地。最后，非洲土地具备不可分割属性。该属性实际是非洲土地神圣属性与集体属性的必然延伸产物。既然土地只能归至高神所拥有，那么任何对土地的分割与出售将被视为渎神行为，很显然在当时的社会，渎神必然将会遭到神明的惩罚。同时，土地的集体属性导致个人仅有使用权，一旦个人生命终结，其土地将会回归所在的社区。但是，这并不意味着非洲传统土地制度是一个毫无变化的土地制度。实际上，非洲传统土地制度是一个灵活的制度安排，随着时间的变化，地区或族群发生着各种各样的变化。习俗和传统法并非一成不变，它们随着习俗的演变和社会经济的变化而变化。有时候，与外界接触会起到决定性作用，特别是与其他文化的接触、货币和有偿劳动的引入、政治变革以及文字的引入。非洲土地制度有着一套运行良好且完备的体制，包括土地权利类型、土地占用者类型、根据不同冲突类型所发明的一系列冲突解决方式。非洲人崇尚团结与友爱，通过调解作为解决冲突的主要手段足以印证。

作为法国殖民观念、武力与经济三位一体的武器之一，法律是殖民者实施政治改革以及殖民地人民"文明化"计划的首选工具。因此，殖民化给贝宁社会带来了深刻的社会、经济与文化变化。土地管理制度与理念便是其一。随着殖民化的推进，传统的贝宁土地法面临着来自不同规范体系的新要求、新挑战。两种法律形式的交汇及其在达荷美殖民地的应用揭示了规范和管辖权的多元化。不过，这里只研究了适用于土地的规范多元化。然而，殖民地的土地理想及其逻辑并未使贝宁人的风俗习惯消失。殖民者最初的态度是漠视，后来由于统治需要，选择观察与研究当地人的不同习俗。在"文明"使命观的影响下，其结果可想而知。殖民者认为这些习俗是野蛮的、非理性的、落后的，于是将自己的土地管理理念与制度强加于贝宁人，以法国《民法典》为参照来思考土地管理问题。尽管从理念上如此看待，但是在实践过程中则是以低成本维护殖民统治，文明使命论中掺杂着浓烈的现实主义、实用主义以及机会主义。所以，法国在贝宁的土地政策走向了二元化，一直延续到殖民统治结束。

贝宁的武装反抗运动被镇压下去后，法国殖民者便强硬地维持其殖民秩序，天真地设想着习惯法适用范围日渐萎缩，殖民法成为主流，习惯法成为例外。习惯法确实遭遇了重大挑战，贝宁人民的命运与土地财产权也被改写，变得模糊不清。但是，这并不意味着法国殖民土地法已经成为主流。它所面临的困难超乎想象，比如贝宁人对自身文化习俗的坚持、语言差异与土地控制问题、多元文化族群等问题，殖民土地政策显得过于刚性，缺乏足够的弹性，其土地制度改造计划并未成功。殖民统治者所谓的"空置和无主土地的假设"完全是一种殖民主义幻想，也是一种侵略、掠夺和剥削的借口。每个族群都有一整套土地解决方案来处理土地分配以及相关资源的开发与利用。这迫使殖民者重新思考既有殖民政策的可行性。殖民者认识到其领土计划是不友好的。殖民者转向土地管理的多元化举措，包括签订协议与条约、变相承认习俗以鼓励土著居民支持新土地制度。因此，贝宁逐步建立起以殖民法为主导的混合土地制度。作为殖民历史的遗产，成文法不能彻底清除农村甚至城市的习惯权利，习惯逻辑也不能取代成文法。因此，这两者之间建立了一定的重叠，有时是相互补充，有时又是相互冲突。这两种制度的混合导致了非正式管理方式的发展、土地不断商品化与金融化等。

20世纪60年代，非洲殖民地纷纷独立，摆脱了殖民枷锁。非洲殖民地获得政治独立并没有改变什么。新生国家很少触及殖民地立法。实际上，许多国家以政治一体化和经济发展的名义废除了非洲传统法律。贝宁也是如此。国家独立之初，贝宁很快便陷入了无休止的政治权力争夺之中，以及持续的贪污腐败之中。发展政策与规划并不是新领导人主要关心的议题。这些新生国家既没有技术能力，也没有资源。殖民时期所遗留的各种制度与机构纷纷被独立之后的非洲国家所继承。

因此，在整个殖民统治时期，甚至在贝宁人民获得独立的前夕，1955 年 5 月 20 日颁布的法属西非和法属赤道非洲土地所有权重组的第 55-580 号法令虽然经历了多次改革，但是土地管理的方式依然如故。这些新生国家的领导人大多数都在法国殖民地学校接受教育，自觉选择了跟随前宗主国的发展道路，即赋予殖民地土地私有财产的地位。因此，殖民者留下的土地管理原则、政策与机制继续指导当代贝宁的土地管理。不过，在独立初期的 12 年内，贝宁依然通过了两部法律，即 1960 年 7 月 13 日通过的关于居住许可证的第 60-20 号法律，以及 1965 年 8 月 14 日关于贝宁土地所有权制度的第 65-25 号法律。相反，习惯法不断受到质疑。实际上，新独立国家所遵循的经济发展模式导致它们选择了现有的方案。由发展伙伴资助的与土地有关的发展政策就说明了这一点，这些政策规定了应遵循的标准。采用这些标准是为了加强私有财产。因此，在独立前后，政治一体化和经济发展意味着非洲法律服从欧洲法律。传统的非洲法律因此被边缘化。

1972 年贝宁再次发生政变，贝宁开始向马克思列宁主义政权转型，后于 1977 年改为贝宁人民共和国，并颁布了根本法。但是，这并没有改变贝宁土地所有权的历史进程。这一时期的土地政策甚至遭受了挫折。尽管革命政府采取了一些举措，但土地政策仍被置于次要地位。1977 年 8 月 26 日贝宁人民共和国的革命宪法为土地所有权指明了新的方向。它认为土地是属于贝宁的共同财产。

革命宪法还为外国人的土地所有权以及对土地所有权的总体保护奠定了法律基础。它还区分了个人私有财产和集体私有财产。

20世纪90年代初，全国有生力量会议结束了克雷库政权，成立了过渡政府并举行了选举。在贝宁共和国成立的最初几年，人们对土地改革兴趣不大。多年来，贝宁土地管理制度没有改变，贝宁领导人选择继续推行殖民时期的土地政策。殖民统治者使用的原则、手段和机制并没有真正改变。二元体制依然长期存在，一方面是正式的法律实践，另一方面是非正式的实践。也就是说，今天的贝宁法律具有法律二元化的特点，即所谓的现代成文法和所谓的传统习惯法相结合。成文法一方面由殖民时期引入贝宁的法国法律组成，并通过殖民文本和贝宁独立后的第一部宪法正式纳入贝宁实在法；另一方面由贝宁独立之后通过的文本组成，这些文本对殖民时期的法律进行了修改、废除或补充。至于传统法，它是由居民的所有习俗组成的。所以，尽管有明显的变革愿望，但贝宁仍保留殖民者采用的规则，承认或容忍某些法律领域的多元化。

21世纪以来，随着新自由主义主导的经济全球化、人口爆炸以及城市化快速推进，人们始终关注土地管理问题。对此，贝宁在西方主导的国际援助下，对其土地法以及土地管理制度进行了一系列的改革。主要是通过三部重要的立法，每部立法都有自己的特点。第一部是2007年10月16日关于贝宁共和国《农村土地制度法》的第2007-03号法律，该法律引入了农村土地绘图计划，规定了作为地契替代物的农村土地证书。第二部是2013年8月14日关于贝宁共和国《国家土地法》的第2013-01号法律。该法将习惯标准和国家标准纳入土地管理，不仅规范土地保有权，还规范不动产。同时，尝试借助法律来建立起较为完整且一体化的土地管理体制，方便民众能够享受相应的高质量服务。第三部是 2017年 5 月 26 日颁布的第 2017-15 号法律，该法律对第 2013-01 号法律进行了修订和补充。除了确认之前文本中列出的原则外，后者还带来了国家土地登记的非物质化改革、某些传统土地权利的正式化，并确立以国家土地管理局作为贝宁中央土地管理机构的新的土地管理体制框架。最重要的是，该法律重回地契制度，作为最终的、不可撤销的、完全的产权证明，再次回到了殖民初期的道路。

但是，这些规范性改革远非完美，并没有解决土地管理的真正问题。换句话说，土地纠纷每年都不可避免地导致死亡和诉讼案件。有必要修订土地使用权的法律制度，以解决真正的缺陷和问题。普遍倾向于将问题来源的矛头对准规范多元化。尽管进行了上述一系列土地改革，贝宁土地制度体系仍是一个具有相对统一性的多元化法律体系。事实上，必须承认贝宁继承了一个混合的规范体系。习惯法与西方实在法之间的界限已不再清晰，民众权利呈现多重性特征，传统习俗、外来宗教习俗以及城市化的习俗彼此之间相互影响甚至相互渗透。尽管贝宁在各种土地政策中倾向于采用西方法律，但仍有一些地区遵守习惯法。贝宁人民，尤其是生活在农村地区的贝宁人民，仍然坚持自己的土地管理习俗，尚未接受与习惯法的决裂。习惯法继续与国家政策实施的法律同时适用。习惯法仍然适用于私法的许多领域，特别是人与家庭法、财产法、继承法等。

此外，不可忽略的是贝宁土地制度的二元性同地缘政治的形势密不可分。贝宁土地制度的二元化源自殖民帝国的扩张。随着旧殖民体系的解体，特别是冷战结束以来，在理念上新自由主义影响犹在，私有产权在今天仍被视为治理土地的灵丹妙药。同样地，从这个角度来看，在西方依然占据主导的情况下，私有财产的扩张在全球化的影响下仍然不可避免，而全球化正越来越普遍地影响着生活在土地上的人们的生活习惯，尤其是在非洲。事实上，全球化涵盖了每个国家的所有经济、社会和文化领域，这也意味着包括私有财产在内的产权管理趋向于标准化。有观点认为按照西方标准立法对非洲中小国家而言至关重要，甚至具备生存意义。因此，在很多非洲国家，土地立法享有重要地位。加入国际联盟并遵循西方国家都接受的普遍标准这一看法说明，欧洲国家正利用新的法律武器，将自己的观点和理念强加给世界。

最后，贝宁政府在制定法律规则之际，应将贝宁土地视为一个统一且多样的整体，既要制定统一的政策与规则，也要兼顾贝宁的社会现实情况以及对社会经济、环境与安全的影响。贝宁的土地制度改革离不开国际社会的支持，但是不能因此被国际社会某些行为体所绑架。替代范式只信仰私有产权才能真正推动经济快速发展，对肯定习惯法的做法极为不满，倾向于采取激进举措一举拔除阻碍土地规范统一化的障碍。这种思路并不适合贝宁。而适应范式认为土地制度的形成并非一朝一夕，关键在于民众实践过程中能否真正地接受，应该在逐步试验过程中找到合适的土地管理方式。关于何种规范最适应贝宁经济增长以及民众的需求，唯有贝宁自身的实践经验才能得出真正的结论。相比激进的替代范式，根据新时期新的法律框架以及新的发展理念，新的适应范式或许更为适合贝宁下一步土地改革的方向。

参考文献

一、著作类

[1] R. 科纳万 . 达荷美史 [M]. 上海师范大学《达荷美史》翻译组，译 . 上海：上海人民出版社，1976.

[2] 沃尔特•罗德尼 . 欧洲如何使非洲欠发达 [M]. 李安山，译 . 北京：社会科学文献出版社，2017.

[3] A. 阿杜•博亨 . 非洲通史（第七卷）[M]. 北京：中国对外翻译出版公司，1991.

[4] 塞勒斯汀•孟加 . 非洲的生活哲学 [M]. 李安山，译 . 北京：北京大学出版社，2016.

[5] 霍华德•威亚尔 . 非西方发展理论——地区模式与全球趋势 [M]. 董正华，昝涛，郑振清，译 . 北京：北京大学出版社，2006.

[6] 凯文•希林顿 . 非洲史 [M]. 赵俊，译 . 刘鸿武，校 . 上海：东方出版中心，2012.

[7] 戴维•C.康拉德 . 中世纪西非诸帝国 [M]. 李安山，译 . 北京：

商务印书馆，2015.

[8] 罗特伯格·戈登.热带非洲政治史 [M].上海电影译制厂翻译组，译，上海：上海人民出版社，1977.

[9] 诺斯·威廉姆森·科斯.制度、契约与组织——从新制度经济学角度的透视 [M].北京：经济科学出版社，2003.

[10] 乔尔·S.米格代尔.强社会与弱国家：第三世界的国家社会关系及国家能力 [M].张长东，等译.南京：江苏人民出版社，2009.

[11] A.D.罗伯茨，等.剑桥非洲史（20 世纪卷）[M].李鹏涛，译.杭州：浙江人民出版社，2020.

[12] 安德烈·林克雷特.世界土地所有制变迁史 [M].启蒙编译所，译.上海：上海社会科学院出版社，2015.

[13] 理查德·雷德.现代非洲史 [M].2 版.王梦，译.王毅，校.上海：上海人民出版社，2014.

[14] 帕特里克·麦考斯兰.东非土地法改革——传统抑或转型 [M].胡尔贵，吴圣凯，译.北京：知识产权出版社，2021.

[15] 威廉·配第.赋税论 [M].邱霞，原磊，译.北京：华夏出版社，2013.

[16] 威廉·托多夫.非洲政府与政治 [M].肖宏宇，译.北京：北京大学出版社，2007.

[17] 约瑟夫·汉隆，珍妮特·曼珍格瓦，特雷萨·斯马特.土地与政治：津巴布韦土地改革的迷思 [M].沈晓雷，刘均，王立铎，译.刘海方，校.北京：社会科学文献出版社，2018.

[18] 《人类学概论》编写组.人类学概论 [M].北京：高等教育出版

社，2019.

[19] 艾周昌，郑家馨．非洲通史（近代卷）[M]．上海：华东师范大学出版社，1995.

[20] 北京大学非洲研究中心．非洲变革与发展 [M]．北京：世界知识出版社，2002.

[21] 贝宁（2021 年版）[M]．商务部国际贸易经济合作研究院、中国驻贝宁大使馆经济商务处、商务部对外投资和经济合作司，2021.

[22] 毕宝德．土地经济学（第七版）[M]．北京：中国人民大学出版社，2016.

[23] 陈小君．农村土地法律制度研究 [M]．北京．中国政法大学出版社，2004.

[24] 达荷美新闻处编．达荷美：从古至今 [M]．上海：上海人民出版社，1972.

[25] 何芳川，宁骚．非洲通史（古代卷）[M]．上海：华东师范大学出版社，1995.

[26] 何勤华，洪永红．非洲法律发达史 [M]．北京：法律出版社，2006.

[27] 何勤华．法的移植与法的本土化 [M]．北京：商务印书馆，2014.

[28] 贺文萍．非洲国家民主化进程研究 [M]．北京：时事出版社，2005.

[29] 洪永红，夏新华．非洲法导论 [M]．长沙：湖南人民出版社，2000.

[30] 黄贤金．非洲土地资源与粮食安全 [M]．南京：南京大学出版

社，2014.

[31] 贾向云．马克思《马·科瓦列夫斯基〈公社占有制，其解体的原因、进程和结果〉一书摘要》研究读本 [M]．北京：中央编译出版社，2017.

[32] 李安山．非洲民族主义研究 [M]．北京：中国国际广播出版社，2004.

[33] 李安山．现代非洲史 [M]．上海：华东师范大学出版社，2021.

[34] 李安山．殖民主义统治与农村社会的反抗——对殖民时期加纳东部省的研究 [M]．长沙：湖南教育出版社，1999.

[35] 李保平．非洲传统文化与现代化 [M]．北京：北京大学出版社，1997.

[36] 李新峰．南非土地制度研究 [M]．北京：中国社会科学出版社，2022.

[37] 刘俊．土地所有权国家独占研究 [M]．北京：法律出版社，2008.

[38] 刘俊．中国土地法理论研究 [M]．北京：法律出版社，2006.

[39] 刘守英，周飞舟，邵挺．土地制度改革与转变发展方式 [M]．北京：中国发展出版社，2012.

[40] 陆庭恩，彭坤元．非洲通史（现代卷）[M]．上海：华东师范大学出版社，1995.

[41] 马克思恩格斯选集：第 2 卷 [M]．2 版．北京：人民出版社，1995.

[42] 马克伟．土地大辞典 [M]．长春：长春出版社，1991.

[43] 钱明星．财产所有权 [M]．北京：法律出版社，1987.

[44] 汝信. 非洲黑人文明 [M]. 北京：中国社会科学出版社，1999.

[45] 石凤友. 土地法律制度研究 [M]. 济南：山东大学出版社，2011.

[46] 宋春华，等. 房地产大辞典 [M]. 北京：红旗出版社，1993.

[47] 谭荣. 中国土地制度导论 [M]. 北京：科学出版社，2022.

[48] 田传浩. 土地制度兴衰探源 [M]. 杭州：浙江大学出版社，2018.

[49] 王铁崖. 国际法 [M]. 北京：法律出版社，1995.

[50] 夏新华. 非洲法律文化史论 [M]. 北京：中国政法大学出版社，2013.

[51] 夏新华. 非洲法律文化专论 [M]. 北京：中国社会科学出版社，2008.

[52] 徐济明，谈世中. 当代非洲政治变革 [M]. 北京：经济科学出版社，1998.

[53] 杨青贵. 集体土地所有权实现法律机制研究 [M]. 北京：法律出版社，2016.

[54] 杨人楩. 非洲通史简编 [M]. 北京：人民出版社，1984.

[55] 张宏明. 多维视野中的非洲政治发展 [M]. 北京：社会科学文献出版社，2007.

[56] 张宏明. 列国志·贝宁 [M]. 北京：社会科学文献出版社，2004.

[57] 郑家馨. 殖民主义史（非洲卷）[M]. 北京：北京大学出版社，2000.

[58] 周诚. 土地经济学原理 [M]. 北京：商务印书馆，2003.

[59] 周海金. 非洲宗教的传统形态与现代变迁研究 [M]. 北京：中国社会科学出版社，2017.

[60] ACOHOUEME M B. Religion et sécurisation foncière au sud-est du Bénin[M]. Paris: Editions universitaires europeennes, 2011.

[61] AGERON C R. France coloniale ou parti colonial?[M]. Paris: Presses universitaires de France, 1978.

[62] AROUNA O. Changements de l'occupation des terres et nécessité de l'aménagement du territoire à l'échelle locale en Afrique subsaharienne: Cas de la commune de Djidja au Bénin[M]. Paris: L'Harmattan 2017.

[63] BARRERE O. ROCHEGUDE A. Foncier et environnement en Afrique: Des acteurs au(x) droit(s)[M]. Paris.Editions Karthala, 2008.

[64] BECKER C. [et ali] AOF: réalités et héritages Sociétés ouest-africaines et ordre colonial, 1895–1960[M]. Paris.Karthala, 1997.

[65] BIDIMA J-G. La palabre, une juridiction de la parole[M]. Paris. Michalon.

[66] BRAWAND A. CALAME M.[et al.] Le village piégé: Urbanisation et agro-industrie sucrière en Côte d'Ivoire[M]. Genève: Graduate Institute Publications, 1978. URL: https://books.openedition.org/iheid/3682.

[67] COLIN J-P. DELVILLE P L. LEONARD E. Le foncier rural dans les pays du Sud.Enjeux et clés d'analyse[M]. Marseille: IRD Éditions, 2022. URL:https://books.openedition.org/

irdeditions/44677.

[68] COLIN J-P. LE MEUR P-Y. ERIC L. Les politiques d'enregistrement des droits fonciers : du cadre légal aux pratiques locales[M]. Paris : Karthala, 2009.

[69] CROUSSE B. LE BRIS E. LE ROY E. Espaces disputés en Afrique noire. Pratiques foncières locales[M]. Paris: Éditions Karthala, 1986.

[70] FAUVELLE F X. L'Afrique de Cheikh Anta Diop, histoire et idéologie[M]. Paris: Edition Khartala, 1996.

[71] GBAGO G B. AIVO J. [et ali]. Enjeux économiques et environnementaux des maîtrises foncières en Afrique[M]. Limal: Anthemis, 2019.

[72] GBAGUIDI A N. KODJOH-KPAKPASSOU W. Introduction au Système Juridique et Judiciaire du Bénin [M]. 2009. URL: https://www.nyulawglobal.org/globalex/BENIN.html.

[73] HARISSOU A. La terre : un droit humain Micropropriété, paix sociale et développement[M]. Paris: Dunod, 2011.

[74] HAZARD J. Le droit de la terre en Afrique au Sud du Sahara[M]. Paris: Maisonneuve, 1971.

[75] KOUASSIGAN G A. L'homme et la terre: Droits fonciers coutumiers et droits de propriété en Afrique Occidentale[M]. Paris: Editions Berger-Levrault, 1966.

[76] LE BRIS E.LE ROY E. etLEIMDORFER F. Enjeux fonciers en Afrique norie[M]. Paris: Karthala, 1983.

[77] LE ROY E. LE BRIS E. MATHIEU P. L'appropriation de la terre en Afrique noire : Manuel d'analyse, de décision et de gestion foncière[M]. Paris: Éditions Karthala, 1991.

[78] MADJARIAN G. L'invention de la propriété, De la terre sacrée à la société marchande[M]. Paris: L'Harmattan, 2000.

[79] MBAYE K. Les droits de l'homme en Afrique[M]. Paris: Pedone, 1992.

[80] MEDENOUVO F. Le Coutumier du Dahomey[M]. Bénin: Présence Béninoise, 2004.

[81] NTAMPAKA C. Introduction aux systèmes juridiques africains[M]. Namur: Presses universitaires de Namur, 2004.

[82] RODA J-C. Droit et surnaturel[M]. Paris: LGDJ, 2015.

[83] SEELY J C. The legacies of transition governments in Africa: the cases of Benin and Togo[M]. UK: Palgrave Macmillan, 2009.

[84] STEMMM V. Structures et politiques foncières en Afrique de l'Ouest[M]. Paris: L'Harmattan, 1998.

[85] VANDERLINDEN J. Les systèmes juridiques africains[M]. Paris: Presses universitaires de France, 1983.

二、学术论文

[1] 艾周昌. 殖民地时期加纳土地制度的变化 [J]. 西亚非洲, 1991(5)：55-61，6，80.

[2] 安春英. "一带一路" 背景下的中非粮食安全合作：战略对接

与路径选择 [J]. 亚太安全与海洋研究. 2017(2)：93-105.

[3] 安春英. 对合作开发非洲土地资源的思考 [J]. 西亚非洲，1999(5)：61-65.

[4] 曾兴华，覃杏花. 马克思对土地问题的理论探索及启示 [J]. 现代农业研究，2019(9)：101-106.

[5] 陈慧荣. 土地分配与政治秩序：以非洲和拉美国家为例 [J]. 国外理论动态，2020(3)：152-162.

[6] 陈慧荣. 土地制度与再分配的政治学 [J]. 实证社会科学（第二卷）分配与政治秩序：以非洲和拉美国家为例 [J]. 国外理论动态，2020(3)：24-29.

[7] 陈金龙. 当代非洲某些国家的土地问题及土地制度改革探析 [J]. 经济师，2021(9)：57-59.

[8] 丰雷，郑文博，胡依洁. 大规模土地确权：非洲的失败与亚洲的成功 [J]. 农业经济问题，2020(1)：114-124.

[9] 冯理达，杨崇圣. 私有土地还是集体土地：加纳土地制度的演变和改革的道路选择 [J]. 非洲研究，2022(1)：98-118.

[10] 洪永红. 论独立后津巴布韦习惯法的新趋势 [J]. 西亚非洲，2009(12)：57-62，80.

[11] 胡贤鑫，胡舒扬. 略论马克思的土地所有权理论 [J]. 江汉论坛，2014(8)：48-51.

[12] 胡洋. 传统与现代：加纳传统土地制度改革析论 [J]. 西亚非洲，2021(5)：76-102，158-159.

[13] 黄振乾. 国家制度形态的发育程度与土地改革——对独立后非洲国家的实证分析 [J]. 经济社会体制比较，2020(3)：117-129.

[14] 黄正骊.非洲土地制度与基础设施发展 [J].中国投资，2022(9-
　　 10)：22-23.

[15] 李可.马克思民族土地习惯法强制变革论研究 [J].世界民族，
　　 2020(6)：1-12.

[16] 李鹏涛.英属中部和东部非洲殖民地的城镇劳动力政策 [J].世
　　 界历史，2017(2)：31-45，156.

[17] 梁益坚，王锦.撒哈拉以南非洲人口红利及国家政策取向 [J].
　　 西亚非洲，2018(6)：44-68.

[18] 廖建凯.土地法的理念更新与制度完善 [J].中国农业资源与规
　　 划，2007(2)：42-46.

[19] 刘鸿武.论非洲国家治理问题的特殊性及对中非关系的影响 [J].
　　 当代世界，2013(7)：14-18.

[20] 刘丽，陈丽萍.明晰权属 规划空间——从非洲"土改"看全球
　　 土地治理趋势 [J].资源导刊，2014(12)：48-49.

[21] 刘丽，陈丽萍.全球治理中的非洲土地制度改革 [J].国土资源
　　 情报，2014(11)：30-36.

[22] 刘伟才.非洲国家土地与农业事务中的若干二元性问题 [J].中
　　 国投资，2022(9-10)：33-35.

[23] 刘伟才.认识非洲国家土地改革的复杂性与长期性——读《后
　　 殖民时代非洲国家土地改革的轨迹：寻求可持续发展与利用》[J].
　　 中国投资，2023(94)：118-119.

[24] 邵彦敏.论马克思东方社会土地制度理论 [J].当代经济研究，
　　 2010(2)：12-16.

[25] 邵彦敏.马克思土地产权理论的逻辑内涵及当代价值 [J].马克

思主义与现实，2006(3)：149-151.

[26] 唐丽霞，宋正卿.非洲土地买卖和租赁制度及对中国对非洲投资的启示 [J]. 世界农业，2015(2)：5-10，26.

[27] 王俊，朱丽东，叶玮，程雁.近 15 年来非洲土地利用现状及其变化特征 [J]. 安徽农业科学，2009(6)：2628-2631.

[28] 王秀红，申建秀，张镱锂.非洲大陆生态地理格局与土地利用生态风险问题 [J]. 中国农学通报，2014(30)：139-143.

[29] 夏吉生.非洲妇女在土地、财产继承和婚姻方面的法律地位问题 [J]. 法律文化研究，2018(11)：258-265.

[30] 徐国栋.非洲各国法律演变过程中的外来法与本土法——固有法、伊斯兰教法和西方法的双重或三重变奏 [J]. 法律文化研究，2018(11)：118-202.

[31] 徐振伟，张力文.非洲"新圈地运动"及中国的态度和策略 [J]. 理论视野，2017(1)：75-79.

[32] 杨磊.国外土地冲突的比较分析：样态特征与治理启示 [J]. 华中农业大学学报，2018(4)：156-164，174.

[33] 杨梦露.马克思土地产权理论的当代启示 [J]. 人民论坛，2016(29)：112-113.

[34] 张墨逸，黄贤金，陈志刚.非洲土地制度变革对粮食生产绩效研究 [J]. 土地经济研究，2014(2)：79-90.

[35] 周猛.从《公社的各种形式》看马克思的土地所有权分割思想 [J]. 湖南行政学院学报，2014(4)：68-72.

[36] 张玉友，张娟娟.评法国"文明使命"论对阿尔及利亚民族国家构建的影响 [J]. 西亚非洲，2023(5)：50-73，157-158.

[37] DEBOUET B. La terre, la personne et le contrat : expLoitation et associations familiales en Bourbonnais (XVIIe-XVIIIe siècles) [J]. Revue d'histoire moderne & contemporaine, 2003,50(2) : 27-51.

[38] DELVILLE P L. Les réformes de politiques publiques en Afrique de l'Ouest, entre polity, politics et extraversion[J]. Gouvernement et Action Publique, 2018, 7(2): 53-73.

[39] DELVILLE P L. Les « plans fonciers ruraux » au Bénin (1992-2015). La carrière d'un instrument « pilote » au sein de politiques non stabilisées[J]. Revue Internationale de Politique Comapré , 2020, 27(2-3): 61-86.

[40] DELVILLE P L.La reforme fonciere rurale au Benin: Émergence et mise en question d'une politique instituante dans un pays sous régime d'aide[J]. Revue Francais de Science Politique, 2010, 60(3): 467-491.

[41] GENER M. La tentation du socialisme au Bénin[J]. Études internationales, 1978, 9 (3): 383-403.

[42] KARSENTY A. Propriété foncière et environnement en Afrique[J]. Journal des économistes et des études humaines, 1996, 7 (2-3): 435-452.

[43] KLAASOU S. Croyances coutumières, pratiques foncières et développement rural au Togo. Cas des préfectures de Haho et du Moyen-Mono[J/OL]. Belgeo, Revue belge de géographie , 2002(1): 29-44. http://journals.openedition.org/belgeo/15437

[44] LEVY-BRUHL H. Introduction à l'étude du droit coutumier africain[J]. Revue internationale de droit comparé, 1956, 8(1): 67-77.

[45] MAGNANT J-P. Le droit et la coutume dans l'Afrique contemporaine[J]. Revue internationale interdisciplinaire, 2004(2): 167-192.

[46] OUEDRAOGO H M.G. De la connaissance à la reconnaissance des droits fonciers africains endogènes[J/OL]. Études rurales, 2011(187): . http://journals.openedition.org/etudesrurales/9388.

[47] TESTART A. Propriété et non-propriété de la Terre : L'illusion de la propriété collective archaïque (1re partie) [J/OL]. Études rurales, 2003,165-166(1-2):209-242. http://journals. openedition.org/ etudesrurales/8009.

[48] TRIBILLON J-F. Les régimes fonciers en Afrique subsaharienne[J]., L'Economie Politique, 2018(78): 30-39.

三、报告

[1] BOURGUIGNON F. HOUSSA R. PLATEAU J-P. REDING P. Benin institutional diagnostic, Tatiana Goetghebuer[R]. (Aide á la Décision Economique, ADE), August 2019.

[2] Conseil Economique et social, Le foncier au Bénin: Problèmes domaniaux et perspectives, Commission du Développement Rural Et De L'environnement[R]. juillet 2005.

[3] DELVILLE P L. Les marchés fonciers ruraux au Bénin: Dynamiques,

conflits, enjeux de régulation[R]. Les Cahiers du Pôle Foncier N°16, Montpellier 2018.

[4]   LE MEUR P-Y. EDJA H. Le Plan foncier rural au Bénin: Production de savoir, gouvernance et participation, GRET-IRD-UR Régulations Foncières[R]. Unité de Recherche N°095, 2004.

[5]   LEMEUR P-Y. L'information foncière, bien commun et ressources tratégique : Le cas du Bénin [R]. IIED 2008.

[6]   MCA-Bénin. "MCA-Bénin Projet Accès au Foncier" Étude sur la Politique et les Réformes Foncières[R]. SLND.

[7]   Ministère de l'Urbanisme, de l'Habitat,de la Réforme Foncière et de la Lutte contre l'Érosion Côtière (Bénin) . Livre blanc de politique foncière et domaniale[R]. Bénin 2011.

[8]   OUEDRAOGO H. Étude comparative de la mise en œuvre des plans fonciers ruraux en Afrique de l'Ouest: Bénin, Burkina Faso, Cote d'ivoire[R/OL].Etudes juridiques de la FAO, 2005. https://www.foncier-developpement.fr/wp-content/uploads/ ouedraogo-PFR_FAO.pdf.

[9]   SIMONNEAU C. Les Registres fonciers urbains béninois et l'appropriation municipale de l'information foncière[J/OL]. Comité technique « Foncier et Développement », Juillet 2013. https://www.foncier-developpement.fr/wp-content/uploads/ Registres-fonciers-urbains-b%C3%A9ninois.pdf.

[10] SOROS S. LOPES D. SAMB S. Le pluralisme juridique en matière foncière en Afrique de l'Ouest : le cas de la Côte

d'Ivoire , Rapport d'intégration 2 : Comment se manifestent et sont gérées les interactions entre les ordres juridiques étatique et autochtone ? Etat et cultures juridiques autochtones : un droit en quête de légitimité[R]. 2016.

四、硕博论文

[1] AHOLOU J. La réforme du droit foncier rural dans les États membres de l'Union économique et monétaire ouest-africaine: Tendances et limites. Cas du Bénin, du Burkina-Faso, de la Côte d'Ivoire, du Niger et du Sénégal[D]. Cotonou: Université d'Abomey Calavi，2018.

[2] KAYEMBE N O W. La propriété foncière en Afrique subsaharienne : essai juridique sur un totem d'Etat[D]. Paris: Université de Nanterre - Paris X, 2022.

[3] NOUWADJRO C F F. La transition foncière au Bénin : entre résilience et adaptation du foncier traditionnel dans les espaces urbains, périurbains et ruraux. Cas des communes de PortoNovo, Avrankou et Bonou au Sud-Bénin[D]. Brest: Université de Bretagne occidentale - Brest, 2023.

[4] LAHAYE S H H. Quand le droit devient culture : le droit traditionnel au Bénin[D]. Montréal: Université du Québec, Maîtrise en droit international , 2013.

[5] REJRAJI I. La reconnaissance des droits fonciers coutumiers: Etude comparée en Afrique de l'Ouest[D]. Paris: Institut de

Management et de Communication Interculturels, 2020.

[6] DABONE P. Quelle législation foncière comme outil de cohésion sociale et de développement économique, adaptée aux réalités socio - culturelles du Burkina ? [D].Ouagadougou: Mémoire de master de l'Ecole Nationale des Régies financières, 2008.

五、法律条文

[1] Arrêt N° 2013-07/CJtCT de la Cour Suprême du Bénin du 1er Décembre.

[2] DECISION DCC 14 - 196 du 20 Novembre 2014 de la Cour Constitutionnelle du Bénin.

[3] DECISION DCC 09-087 du 13 août 2009 de la Cour Constitutionnelle du Bénin.

[4] DECRET du 05 août 1900 relatif au régime de la propriété foncière au Dahomey.

[5] DECRET du 24 juillet 1906 portant organisation du régime de la propriété foncière dans les colonies.

[6] DECRET du 08 août 1925 visant à faire constater les droits fonciers des indigènes en AOF.

[7] DÉCRET du 26 juillet 1932 portant réorganisation du régime de la propriété foncière en Afrique occidentale française.

[8] DECRET du 15 novembre 1935 portant règlementation des terres domaniales en AOF.

[9] DECRET- Loi N° 55-580 du 20 mai 1955 relatif à la réorganisation foncière et domaniale en AOF et en AEF.

[10] DECRET N° 2015-029 du 29 Janvier 2015 fixant les modalités d'acquisition des terres rurales et de confirmation des droits fonciers à partir du plan foncier rural en République du Bénin.

[11] J.O de l'A.O.F du 1er novembre 1900 publiant le décret du 08 septembre 1900 portant régime de la propriété foncière en A.O.F, pp. 426 à 429.

[12] J.O du Haut Sénégal-Niger N°09 de 1906 publiant le décret du 24 juillet 1906 portant organisation du régime de la propriété foncière dans les colonies et territoires relevant du gouvernement général, pp. 103 à 283.

[13] J.O de l'A.O.F N° 95 du 27 octobre 1906, Instructions pour l'application du décret du 26 juillet 1906 portant organisation du régime de la propriété foncière dans les colonies et territoires relevant du gouvernement général de l'A.O.F, pp. 597 à 614.

[14] J.O de l'A.O.F N° 95 du 27 octobre 1906, arrêté N° 1014 du 26 octobre 1906 portant règlement pour l'application du décret du 24 juillet 1906 sur le régime de la propriété, pp. 570 à 586.

[15] J.O. de l'A.O.F N° 1106 de 1925 publiant le décret du 08 octobre 1925, instituant un mode de constatation des droits fonciers des indigènes en A.O.F, pp. 868 à 878.

[16] J.O de l'A.O.F N° 1499 du 29 avril 1933 publiant le décret du 26 juillet 1932 portant réorganisation du régime de la propriété foncière en A.O.F, pp. 426 à 446.

[17] J.O de l'A.O.F N° 1643 de 1935 publiant le décret du 15 novembre 1935 portant réglementation des terres domaniales en A.O.F, pp. 1066 à 1067.

[18] J.O. de la République française N° 121 du 21 mai 1955 publiant le décret 55-580 du 20 mai 1955 portant réorganisation foncière et domaniale en A.O.F et en A.E.F, pp. 5079- 5082.

[19] J.O de la République française N° 165 du 18 juillet 1956 publiant le décret N° 56-704 du 10 juillet 1956 fixant les conditions d'application du décret du 20 mai 1955.

[20] J.O du Soudan français 1957, N° 1362 du 1er octobre 1957 publiant le décret N° 243 du 24 février 1957 instituant dans les territoires d'Outre-mer une procédure d'expropriation spéciale pour certaines terres acquises à la suite de concessions domaniales, pp. 730-732.

[21] Loi N° 60-20 du 13 juillet 1960 relatif au régime du permis d'habiter au Dahomey.

[22] Loi N° 65-25 du 14 Août 1965 relative au régime de la propriété foncière au Dahomey.

[23] Loi N° 2001-37 du 27 août 2002 portant organisation judiciaire en République du Bénin.

[24] Loi N° 2007-03 du 16 Octobre 2007 portant régime foncier rural en République du Bénin.

[25] Loi N° 2013-01 portant code foncier et domanial en République du Bénin.

[26] Loi N° 2017-15 du 10 août 2017 modifiant et complétant la Loi N° 2013-01 portant code foncier et domanial en République du Bénin.